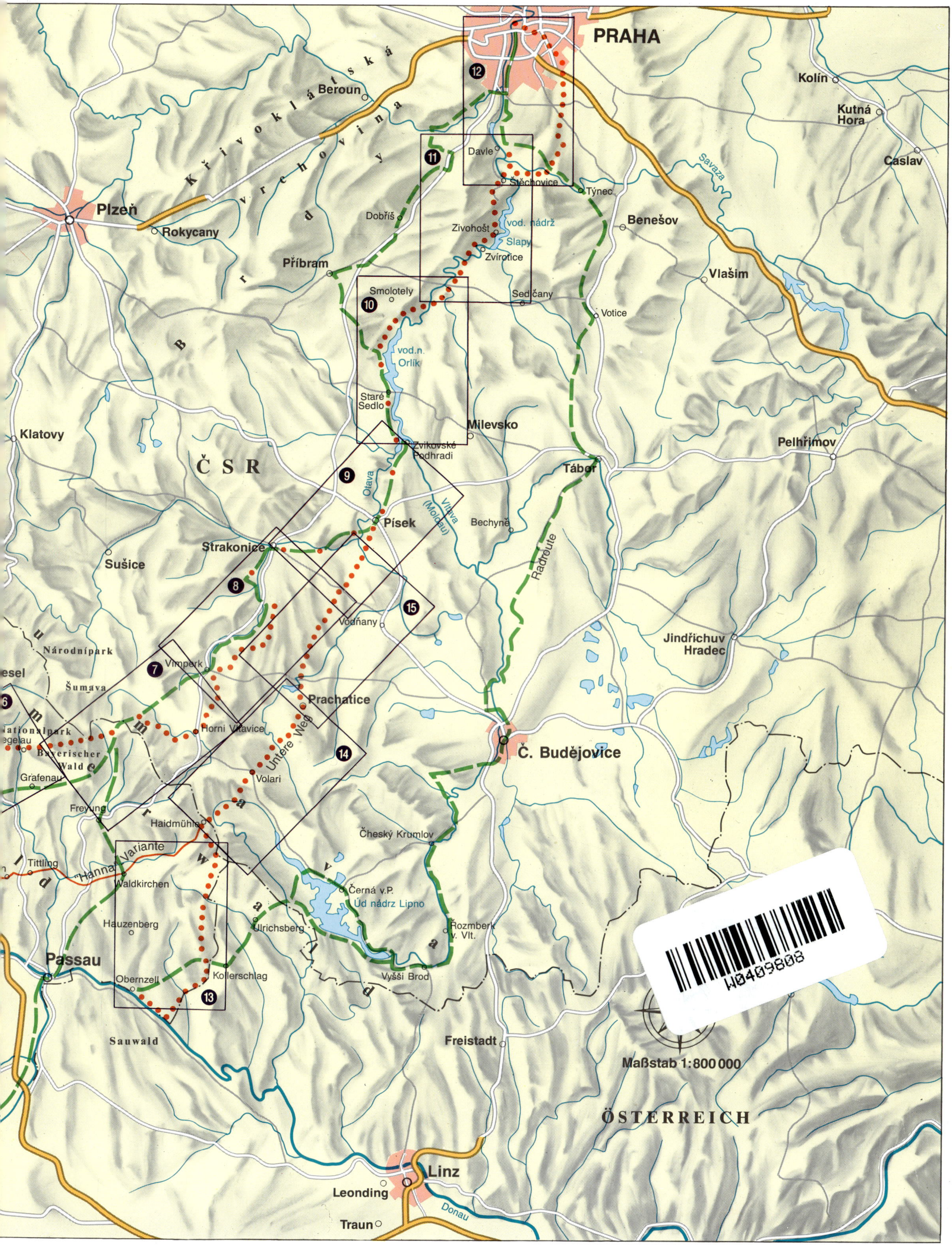
PRAHA
Kolín
Kutná Hora
Caslav
Beroun
Křivoklátská vrchovina
Brdy
Plzeň
Rokycany
Dobříš
Davle
Štěchovice
Týnec
Savaza
Benešov
Zivohošt
vod. nádrž Slapy
Zvírotice
Příbram
Vlašim
Smolotely
Sedlčany
Votice
vod.n Orlík
Staré Sedlo
Milevsko
Zvikovské Podhradí
Klatovy
Pelhřimov
ČSR
Tábor
Otava
Vltava (Moldau)
Písek
Bechyně
Radroute
Strakonice
Sušice
Vodňany
Jindřichuv Hradec
Národnípark Šumava
Vimperk
Prachatice
Nationalpark Bayerischer Wald
Horní Vltavice
Untere Weg
Volari
Č. Budějovice
Grafenau
Freyung
Haidmühle
Český Krumlov
Hanna Variante
Tittling
Waldkirchen
Černá v.P.
Úd nádrz Lipno
Hauzenberg
Ulrichsberg
Rozmberk v. Vlt.
Passau
Obernzell
Kollerschlag
Vyšší Brod
Böhmerwald
Sauwald
Freistadt
Maßstab 1:800 000
ÖSTERREICH
Linz
Leonding
Traun
Donau

Ludwig Graßler

# Von München nach Prag

Ludwig Graßler

# Von München nach Prag

## Zu Fuß und mit dem Rad

Berg

Abbildungen:
Schutzumschlag vorne:
Durch den Böhmerwald auf dem Weg nach Prag
Blick auf die Prager Burg
Schutzumschlag hinten:
oben links: Bei Waldhäuser, am Aufstieg zum Lusen
oben rechts: Kloster Schäftlarn
unten links: Auf dem Lusen, dem Heimwehplatz der Böhmerwäldler
unten rechts: Pragwanderer an der unteren Isar vor Usterling

Seite 2:
Blick auf das Schloß Winterberg (Vimperk). Ursprünglich war es eine spätgotische Burg. 1622–24 wurde der Bau neu erstellt. Er beherbergt ein Museum und die Verwaltung des Nationalparks Šumava (Böhmerwald).
Abbildung Seite 14: Wolfgang Lauter, München



Umschlaggestaltung: Wolfgang Lauter, München
Layout, Herstellung und Satz (DTP): BuchHaus Robert Gigler GmbH, München
Druck und Bindung: Gorenjski Tisk, Kranj, Slowenien
Printed in Slovenia
ISBN 3-7634-1118-6
Gedruckt auf chlor- und säurefreiem Papier

# Inhaltsverzeichnis

# Vorwort

Zum Geleit

*Wahrheit und Gerechtigkeit*
*sind die stärksten Pfeiler*
*einer Brücke zwischen den Völkern.*

Rosa Tahedl, geb. im Böhmerwald

*Jedes Menschen Heimat achte,*
*die deine aber liebe!*

Frei nach Gottfried Keller (1819–1890)

*Viele Wege führen zu Gott,*
*einer geht über die Berge.*

Inschrift auf einem Bergkreuz

München und seine gute Stube, der Marienplatz, bieten sich als Ausgangspunkt für zwei Fernwanderungen an. Die eine führt über die Alpen an den Piave und in die Lagunenstadt Venedig, die andere über den Bayerischen Wald und den Böhmerwald an die Moldau und in das goldene, hunderttürmige Prag. Schon Goethe sagte: »Prag ist in der Mauerkrone der Erde der kostbarste Stein.« Bei beiden Wanderungen ist die grüne Isar mit dem Rest ihrer Auen zuerst der Führer. Auch nach Prag bestimmen Flüsse und Berge die Wanderlandschaft. Hinzu kommen zahlreiche historische Orte. Mittelalterliche Ortskerne, Burgen und Schlösser sowie verfallene Ortschaften und Reste ehemals blühender Dörfer erinnern an die wechselvolle deutsch-tschechische Geschichte. Eine Wanderung von München nach Prag wird somit auch zu einem Gang durch die Vergangenheit Mitteleuropas. Diesem Umstand versucht der Wanderführer, vor allem aber das Buch mit seinen Bildern und Texten gerecht zu werden.
Schon beim Aufbruch stimmt der Gang durch das alte München auf das historische Thema ein. Nach dem Hofgarten folgt nahtlos der Englische Garten und gleich anschließend der flußbegleitende Gehölzgürtel. Die ersten Wandertage bis hinunter zur Donau gilt: »Vom Wasser haben wir's gelernt…« Bereits ab Freising zeigt der Isarlauf in die Wanderrichtung nach Prag. Die ruhigen Wege entlang des Flusses finden nach der Donau ihre Fortsetzung über den Bayerischen Wald und den Böhmerwald. Wichtige Zwischenziele sind die königliche Stadt Písek und die am Zusammenfluß von Otava und Moldau gelegene Burg Klingenberg (Zvíkov). In Písek trifft der Untere Weg wieder mit dem Oberen Weg zusammen. Der zu Fuß Wandernde hat in Deggendorf die Wahl zwischen diesen beiden Varianten. Jede hat ihre spezifischen Eigenheiten und Reize. Die Entfernungen von Deggendorf und von Obernzell nach Prag sind etwa gleich. Zu Füßen der Burg Klingenberg (Zvíkov) legt von Mitte Mai bis Mitte September das Linienschiff an, welches über den Orlík-Stausee verkehrt. Diese Moldau-Schiffahrten erleichtern und verschönern die Wanderung. Eine Weiterfahrt von Solenice, das unterhalb der hohen Staumauer liegt, ist derzeit (1992) nur in den Ferienwochen im Hochsommer möglich. Dagegen fahren die Schiffe von Slapy, bzw. Štěchovice nach Prag vom Frühjahr bis in den Herbst hinein. Um nicht enttäuscht zu werden, hole man vorher Auskünfte ein (siehe Telefonnummern im Wanderführer). Der Bildband mit dem ergänzenden Text soll anregen, einstimmen und erinnern. Wertvolle Hilfe bei den Besichtigungen in den Städten leisten vor Ort erhältliche Pläne und Kurzführer, so z.B. in Prag die Broschüre »Prag, der königliche Weg« von E. Tóthová.
Der Wanderführer zeigt eine durchgehende Fußroute von München nach Prag. Sie verläuft nach dem Isartal von Deggendorf aus über die Rusel und den Lusen zum Grenzübergang nach Finsterau/Buchwald und weiter über den Kubany nach Winterberg, Strakonice und Písek. Der Untere Weg beginnt nach einer Donauschiffahrt in Obernzell. Er führt durch das Land Adalbert Stifters über den Dreisessel zum Grenzübergang für Fußgänger und Radfahrer nach Haidmühle. Die weiteren Stationen sind der Tussetberg, Wallern, der Libín und Prachatitz am Goldenen Steig sowie Husinec und die Helfenburg. Dann hält sich der Routenverlauf weitgehend an das Moldautal bis Prag. Aufgrund der zwischen München und Prag vorliegenden Gegebenheiten halte ich aber eine »gemischte Wanderung«, einen sogenannten Wandertriathlon, für reizvoller als eine reine Fuß- oder Radwanderung.

Das Motto lautet also: »Per Rad, Schuhwerk und Schiff nach Prag.« Solange die Bundesbahn in München keine Räder ausleiht und sie dann in Deggendorf zurücknimmt, ist man auf das eigene Fahrrad angewiesen. In dem Fall heißt es dann, die Räder in Deggendorf (Hotel »Binder« oder »Zur Rose«) einzustellen und sie später mit dem Auto oder per Bahn wieder abzuholen. Vielleicht lassen sich auch Auto fahrende Freunde dazu bewegen, die Räder in Deggendorf in Empfang zu nehmen. Für eingefleischte Radler enthalten die Übersichtsskizze und auch der Wanderführer Hinweise für eine durchgehende Radroute München – Prag.

Die Strecke für den Fußwanderer beträgt etwa 450 Kilometer. Bei einem durchschnittlichen Wanderpensum von 21 bis 22 Kilometern täglich sind demnach für diese Weitwanderung wenigstens drei Wochen erforderlich. Benützt man für das Isartal das Fahrrad und auf der Moldau das Schiff, verringert sich diese Zeit auf 14 Tage. Da die empfohlene Radroute München – Prag wegen der Sehenswürdigkeiten an der oberen Moldau weiter nach Osten ausholt, sind auch für den Tourenradler etwa zwei Wochen anzusetzen. Dabei sind zusätzliche Besichtigungs- und Ruhetage sowie die Rückfahrt mit der Bahn nicht berücksichtigt.

Die von mir vorgeschlagenen Weitwanderrouten München – Venedig und München – Prag verbinden die Landeshauptstadt München im Süden und im Nordosten mit dem offiziellen Netz der europäischen Fernwanderwege (= E). So trifft der Traumpfad nach Venedig in der nördlichen Kalkregion der Alpen auf den E 4 (Gibraltar – Peloponnes), ferner auf die österreichischen Weitwanderwege O 1 (Nord-Alpenweg) und O 2 (Zentral-Alpenweg), sowie südlich der Alpen auf den E 7 (Atlantik – Schwarzes Meer) und den Sentiero Italia E 5 (Atlantik – Adria). Die Pragroute tangiert den E 8 (Nordsee – Bosporus) und den E 6 (Ostsee – Bosporus). Daraus ergeben sich Möglichkeiten für weite Rundwanderungen. Wer meint, solch weite Wanderstrecken würden nicht begangen, der kennt weder die offiziellen Fernwanderrouten in den verschiedenen Ländern und Kontinenten noch die zunehmende Weitwanderbewegung.

So sind aus den USA die zwei Fernwanderrouten Appalachian Trail und Pacific Crest Trail bekannt. Ihre Längen betragen 3300 Kilometer und 2000 Kilometer. Der erstgenannte wurde 1948 erstmals, und zwar in 123 Tagen, durchwandert. England und Wales warben bereits 1975 mit Weitwanderwegen in einer Gesamtlänge von 2500 Kilometern. In Österreich wurde 1979 innerhalb des Alpenvereins eine eigene Sektion Weitwandern gegründet. Ihr gehören auch passionierte Fernwanderer aus Bayern an. Eine eigene Zeitschrift behandelt viermal jährlich bevorzugt das Thema Fernwandern. Bei der Umweltschädlichkeit des Auto- und Motorradfahrens sowie des Flugverkehrs sollte man auch bei uns das Fernwandern stärker fördern. Dazu zählen vor allem das Bekanntmachen und Erhalten von attraktiven Fernwanderrouten und ein besonderer Radservice der Bundesbahn.

Zum Schutz unserer Umwelt und auch im Sinne der Förderung echter Erholung wünsche ich diesem Bild- und Textband mit Führer eine freundliche Aufnahme. Für konkrete Verbesserungsvorschläge bin ich dankbar. Wie die Titel »Zu Fuß über die Alpen«, »Große Loisach-Rundwanderung« und »Naturkleinode und deren Erhaltung«, so biete ich auch das Thema »Wandern nach Prag« als Diavortrag mit Bildern im Format 6x6 im Überblendverfahren an. Eine rechtzeitige Absprache ist erforderlich.

Ein herzliches Dankeschön sage ich allen, die mir bei der Vorbereitung und Erstellung dieses Buches halfen. Dankbar denke ich auch an die zahlreichen Leser und Wanderer, die mit Begeisterung mein erstes Buch »Zu Fuß über die Alpen« aufgenommen haben. Sie gaben dem Verlag und mir den Mut, dieses zweite Fernwanderbuch zu wagen. Bis heute wurde mir kein ernsthafter Unfall auf der Route München – Venedig bekannt. Mögen auch in Zukunft die Wanderer zwischen Prag, München und Venedig nur unvergeßlich schöne Erlebnisse mit nach Hause tragen!

Wolfratshausen, im Frühjahr 1994

Ludwig Graßler

# Umweltfreundliches Reisen

Fast zu jeder Tages- und Nachtzeit meldet der Verkehrsfunk auf den Straßen in und um Deutschland Verkehrsstaus und Unfälle. Trotz des Waldsterbens soll der Verkehr noch weiter zunehmen, und obwohl viele Bürger über den Verkehrslärm klagen, wird andererseits viel zu oft unnütz die Umwelt mit Abgasen und Lärm belastet. Es liegt mir fern, nur die negativen Seiten des Auto- und Motorradfahrens sowie der Flugreisen zu sehen. Ich weiß um die Bequemlichkeiten und das Gefühl der Freiheit, das Auto, Motorrad und Flugzeug schenken können; ganz zu schweigen von den wirtschaftlichen Notwendigkeiten und Verflechtungen. Trotzdem sage ich mit dem Politiker und Poeten Ernst Moritz Arndt (1769–1860): »Ich bin glücklich, daß ich meine Füße auf weiten Wanderungen gebrauchen durfte, denn es geht keine Lust und Freiheit über die Lust und Freiheit des Fußgängers.« Wandern zu Fuß eröffnet einen Zugang zur Natur. Es bietet einen unmittelbaren und zwanglosen Kontakt zu allen Geschöpfen am Weg. Wie treffend sagte doch die Münchnerin Elisabeth Prizzi: »Am Schönsten is alloa, do red mit dir da Bam, der Boch, da Stoa.«

Aus Naturbetrachten wird ein Sichversenken und Meditieren. Indem der Fußwanderer wieder zu sich selbst findet, findet er auch den Rückweg zur Natur, das Verständnis für ihre Erfordernisse und die Einsicht in ihre Gefährdungen. Nur durch diese naturgemäße Fortbewegung, wozu auch noch das Rasten und Schauen gehören, stellt sich der Einklang zwischen Mensch und Natur wieder her. Bei den heutigen Umweltproblemen und dem Streß, dem die Menschen im Beruf und im Straßenverkehr ausgesetzt sind, ist das Wandern zu Fuß oder auch mit dem Rad aktueller und notwendiger denn je. Erfreulicherweise wird die Familie der Weitwanderer immer größer.

Dem Wandern auf »Schusters Rappen« als dem umweltfreundlichsten, gesündesten und erholsamsten Reisen haben sich vor allem die Mitglieder der zahlreichen Wandervereinigungen verschrieben. Bereits 1969 wurde die Europäische Wandervereinigung auf Initiative des Verbandes Deutscher Gebirgs- und Wandervereine gegründet. Neben dem Zusammenschluß der Europäischen Wanderorganisationen hat sich dieser Verband die Planung und Markierung länderübergreifender Fernwanderwege zum Ziel gesetzt. Die beiden ersten dieser Europäischen Fernwanderwege, und zwar der E 1 Nordsee – Bodensee – St. Gotthard – Mittelmeer und der E 5 Bodensee – Adria, konnten 1972 in Konstanz als »erster Schritt« ihrer Bestimmung übergeben werden. Die beliebte Route vom Bodensee über Bozen nach Verona geht auf das Mitglied der Wegekommission der Europäischen Wandervereinigung Hans Schmidt aus Sonthofen zurück. Inzwischen durchziehen zehn staatenübergreifende Fernwege Europa. Sie reichen von den Nordmeeren bis zum Mittelmeer und vom Atlantik bis zum Schwarzen Meer. Zusätzlich wurden in den einzelnen Ländern längere Wanderrouten markiert. Für den passionierten Wanderer sind der Rennsteig, der Mainwanderweg oder der König-Ludwig-Weg feste Begriffe. Mancher, der die Faszination des Weitwanderns erlebte, träumt von den zwei großen amerikanischen Wegen, nämlich dem Pacific Crest Trail und dem Appalachian Trail. Oder von den Trekking-Routen im Himalaya. Näher liegen da schon der schwedische Königsweg oder die überregionalen, meist alpinen österreichischen (O 1 – O 10) und Schweizer Wanderwege.

Auch innerhalb der alpinen Vereinigungen, die sich ursprünglich vorwiegend der Bezwingung von Gipfeln und steilen Felswänden verschrieben hatten, wächst die Zahl der Berg- und Fernwanderer. Bereits im Jahre 1977 konstituierte sich in der Wiener Alpenvereins-Sektion Edelweiß eine »Neigungsgruppe Weitwandern«. Bald darauf gründeten Gleichgesinnte unter der Leitung des Bildhauers und »Vaters des Weitwanderns« Carl Hermann (1918–1986) eine eigene Sektion Weitwandern innerhalb des Österreichischen Alpenvereines. Hermann hatte mit der Gründung des zirka 500 Kilometer langen Nord-Süd-Weges von Nebelstein in Niederösterreich bis Eibiswald in der Südsteiermark grundlegende Impulse für das moderne Weitwandern gegeben. Im Deutschen Alpenverein war es Universitätsprofessor Dr. Heinz Schulte SJ, der dem alpinen Fernwandern den erforderlichen Stellenwert verschaffte. Anläßlich des Brixener Symposiums »Bergsteigen heute und morgen« im September 1984 präzisierte er Sinn und Zweck dieser Fußreisen und stellte hierzu elf Leitsätze heraus. Der Zufall wollte es: Im selben Jahr (1977), als im Leopold Stocker Verlag Carl Hermanns Buch zum Nord-Süd-Weg »Der Weg ist das

**Am Isar-Speichersee unterhalb von Landshut. Der Weitwanderer und Autor dieses Buches beim ersten »Wandertriathlon« München – Prag im Sommer 1991.**

Ziel« erschien, veröffentlichte der Süddeutsche Verlag meinen Bildband mit Führer »Zu Fuß über die Alpen« über den Traumpfad vom Marienplatz zum Markusplatz.

Am wertvollsten finde ich jene Wanderwege, die es vielen Menschen ermöglichen, direkt von ihrer Haustür aus zu Fernwanderungen aufzubrechen. München mit seinen sich von Süden nach Norden durch die ganze Stadt erstreckenden Isarauen, den flußbegleitenden Grünanlagen und dem fünf Kilometer langen Englischen Garten bietet hierzu die besten Voraussetzungen. Selbst vom Kern der Stadt, vom Marienplatz aus, ist diese grüne Lunge in wenigen Minuten erreichbar.

Dies ist mit ein Grund, warum ich auch beim Wandern nach Prag als Aufbruchsort den Marienplatz, den Mittelpunkt der Landeshauptstadt Bayerns, wähle.

Nicht flußaufwärts und den Bergen entgegen, sondern mit dem Wasser abwärts zur Donau ist diesmal die Devise zum Wanderbeginn. Der Böhmerwald ist wesentlich niedriger und nicht so abweisend wie die Alpen. Auf der Moldau fahren im Gegensatz zum Piave Ausflugsschiffe. Die Landschaften zwischen München und Prag mit ihren Flußtälern und Gebirgen eignen sich sowohl für eine durchgehende Fußwanderung wie auch für eine mehrtägige Fahrradtour. Am abwechslungsreichsten allerdings ist eine gemischte Wanderung mit Fahrrad, Schuhwerk und Schiff. Im beiliegenden Führer werden all diese Varianten dargestellt. Im Gegensatz zu den üblichen Reisegewohnheiten mit Auto und Motorrad entstehen mit dem Rad und per pedes weder Lärm noch umweltschädigende Abgase. Und auch die Schiffahrten donau- und moldauabwärts sowie die Rückreise von Prag mit dem Zug belasten die Umwelt kaum.

Mit den Wanderrouten München – Venedig und München – Prag ergeben sich zahlreiche Anschlüsse an die europäischen Fernwanderwege in den Alpen, im Bayerischen Wald und im Böhmerwald. Dadurch eröffnet sich den Münchnern und allen Bewohnern des Isartales von ihrem Zuhause aus die Möglichkeit eines weiten, grenzenlosen und umweltfreundlichen Reisens.

**Erklärungen:**

Europäische Fernwanderwege:
( ) = nicht aufgeführt
--- = in Planung

E1 NORDSEE – BODENSEE – GOTTHART, ca. 2500 km

(E2 NORDSEE – GENFER SEE – MITTELMEER, ca. 2400 km)

E3 ATLANTIK – PYRENÄEN – ARDENNEN – BÖHMERWALD – KARPATEN – SCHWARZES MEER, ca. 2600 km

E4 GIBRALTAR – PYRENÄEN – JURA – BODENSEE – NEUSIEDLER SEE – BALATON – EISERNES TOR – PELOPONNES, mit VORALPEN und KALKALPEN – VARIANTEN, ca. 2700 km

E5 (ATLANTIK) – BODENSEE – ADRIA, ca. 600 km

E6 OSTSEE – WACHAU – ADRIA – ÄGÄIS – BOSPORUS, ca. 2800 km

E7 ATLANTIK – MITTELMEER – GARDASEE – EISERNES TOR – SCHWARZES MEER

E8 RHEIN – MAIN – DONAU – KARPATEN – BOSPORUS

**Österreichische Weitwanderwege:**

(01 BODENSEE – DACHSTEIN – NEUSIEDLER SEE bzw. WIEN)

02 HAINBURGER PFORTE – ALPENHAUPTKAMM – VORARLBERGER RHEINTAL = »König der Weitwanderwege«

03 SÜDSTEIRISCHES WEINLAND – KARAWANKEN – KARNISCHE ALPEN

04 WIENERWALD – SALZKAMMERGUT – BERCHTESGADENER LAND – BREGENZER WALD, siehe E4

(05 BÖHMERWALD – WACHAU/ÖTSCHERLAND – WESTSTEIRISCHE HOCHALMEN)

(06 NEBELSTEIN – MARIAZELL, WIEN – MARIAZELL – GRAZ – KLAGENFURT)

(07 THAYATAL – WIENER LOBAU – BURGENLÄNDISCHER SEEWINKEL – SÜDOSTSTEIRISCHES WEINLAND)

(08 WALDVIERTEL – GESÄUSE – SECKAUER und SEETALER ALPEN – ÖSTLICHE KARAWANKEN

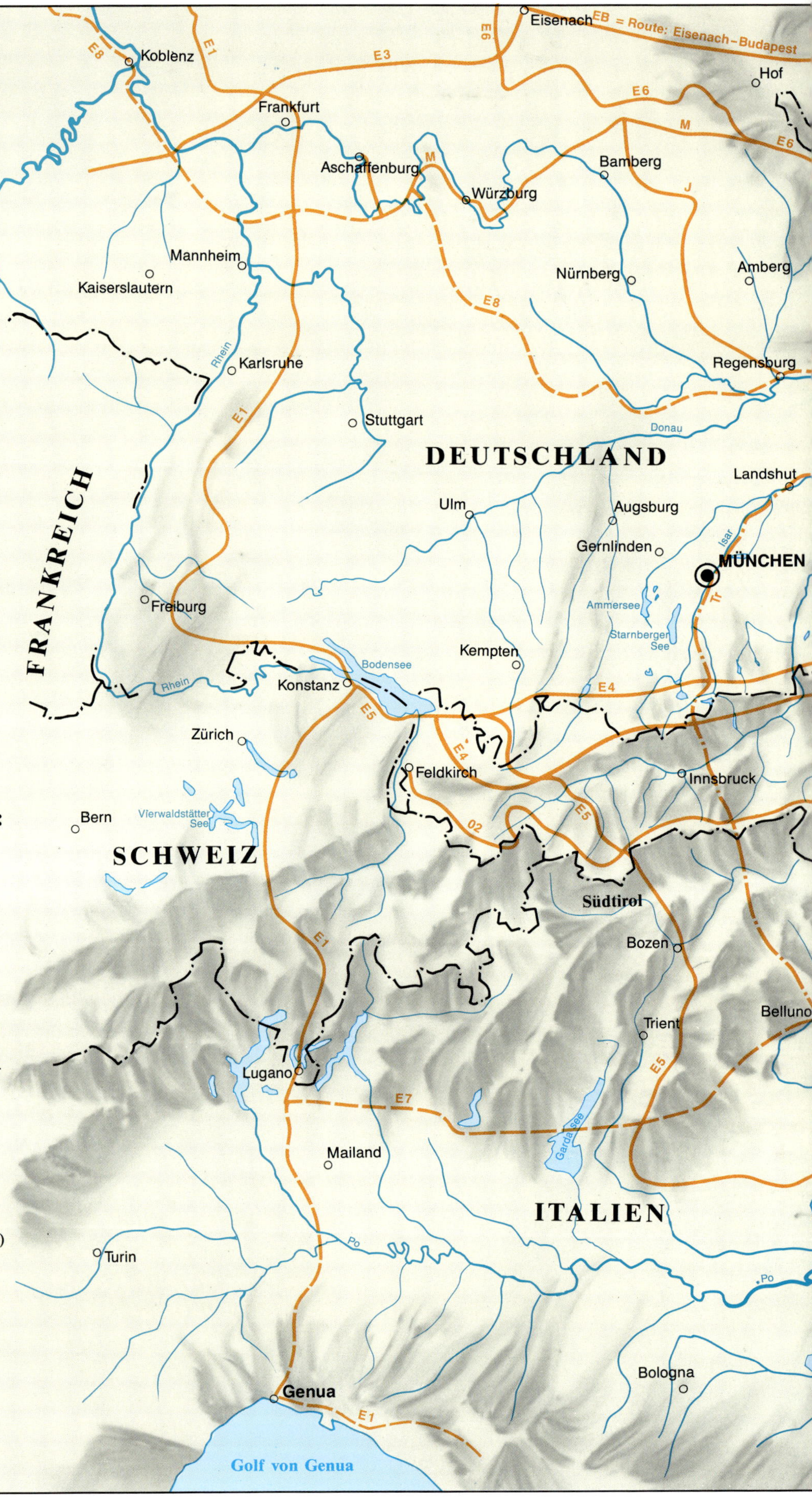

DIE ANBINDUNG MÜNCHENS
AN DAS EUROPÄISCHE NETZ
DER FERNWANDERWEGE
Quellen:
Gesamtplan der Europäischen Fernwanderwege der Europäischen Wandervereinigung e.V.
Weitwanderkarte Österreich, Verlag Freytag u. Berndt
Münchner Merkur
09 MÜHLVIERTEL - TOTES GEBIRGE - NOCKBERGE - WESTLICHE KARAWANKEN
10 BÖHMERWALD - INNVIERTEL - STEINERNES MEER - GASTEINER TAL - KARNISCHE ALPEN
Bayerische Weitwanderwege
M = Mainwanderweg: WEISSMAIN-QUELLE - ASCHAFFENBURG, ca. 524 km
(A OCHSENKOPF - PASSAU - ROSENHEIM)
B = J = Juraweg: STAFFELSTEIN - REGENSBURG, 237 km
(C ELTMANN - ELLINGEN - EICHSTÄTT - NEUBURG/DONAU, ca. 222 km)
(D WERTHEIM - FEUCHTWANGEN - WEISSENBURG in B, ca. 178 km)
(E WERTHEIM - DONAUWÖRTH, ca. 262 km)
Tr = Traumpfad:
PRAHA - BÖHMERWALD - DONAU - ISARTAL - MÜNCHEN - OSTALPEN - BELLUNO - PIAVETAL - ADRIA - VENEDIG, ca. 1000 km
Die Route ist nur teilweise und nicht einheitlich markiert; nur zum Teil werden die Wegabschnitte betreut.
PRAHA
CSR
Böhmen
Pisek
Budweis
Deggendorf
Passau
Linz
WIEN
Pressburg
SLOWAKEI
Donau
Neusiedler See
Attersee
Traunsee
Chiemsee
Salzburg
Eisenerz
ÖSTERREICH
UNGARN
Graz
Lienz
Klagenfurt
Lubliana
SLOWENIEN
Zagreb
Triest
Rijeka
ENEDIG
Adria
N
Maßstab 1:3000000

# Großes im Unscheinbaren

BESCHÄFTIGT sich der Wanderer intensiv mit den unscheinbaren Dingen am Wege, so kommt er bald zu der Erkenntnis: Im Kleinen und Unscheinbaren ist gar oft Interessantes und Großes verborgen. Dem Laufenden und Dahinfahrenden bleibt diese Wunderwelt verborgen. Der Mensch muß zu der ihm gemäßen Fortbewegungsart, dem Gehen, zurückfinden, und er muß den sportlichen Ehrgeiz, in einer kurzen Zeit eine möglichst große Strecke zu überwinden, ablegen. Erst wenn er seine innere Ruhe erlangt hat, wird er zum Schauenden und schließlich zum Entdecker. Für den Stadtmenschen, der die meiste Zeit zwischen Mauern, Glas, Asphalt und im Auto verbringt, gibt es entlang eines Naturpfades wahrlich viel zu entdecken. Hinterfragt er dann neugierig bei Fachkundigen oder in gescheiten Büchern das Geschaute, so wird er über das Wunderbare in der Natur erstaunt sein.

Einige wenige Beispiele sollen dies in Wort und Bild verdeutlichen: Das Lichtlein der volkstümlichen Pusteblume, gemeint ist damit der Samenstand des Löwenzahns, enthält etwa 200 federleichte weiße Fallschirme. Wenn sie nach ihren oft weiten Flügen landen, ankern sie am Boden mit kurzen scharfen Zacken und sichern so ihre Verbreitung. Die Pflanze ist reich an Heil- und Aufbaustoffen. Sie werden bei Leberleiden, Gicht, Rheuma, Ekzemen, Darmträgheit, Blut- und Zuckerkrankheit eingesetzt. Heilend wirken Salate aus den jungen Blättern, ein Wein oder Sirup aus den jungen Blüten, Extrakte aus der Wurzel oder aus der frischen ganzen Pflanze. Im Frühjahr, zu Beginn der Wanderzeit, vergolden ihre helleuchtenden Blüten ganze Landschaften. Auf leicht austrocknenden, mageren Böden schmiegen sich die Blattrosetten nahe an die Erde, um das kostbare Naß zu erhalten. Kein Geringerer als Johann Wolfgang von Goethe erwähnte diese oft als Unkraut abgetane Pflanze in seinen »Morphologischen Schriften«, und der Dichter Josef Weinheber schreibt von ihr:

*Keine Vase will dich.*
*Keine Liebe wird durch dich erhellt.*
*Aber deines Samens reine weiße Kugel*
*träumt wie eine Wolke,*
*wie der Keim der Welt.*

Zur Spätsommerzeit trifft der Wanderer an trockenen Wäldern und Feldrainen immer wieder auf die großen, metallisch glänzenden Rosetten der Silberdistel. Wie der Löwenzahn gehört auch sie zur großen Familie der Korbblütler. Durch Änderung der Spannungsverhältnisse in den Blättern schließt die Silberdistel ihre Blüten, sobald Regenwetter im Anzug ist. Dies verschaffte ihr den Namen Wetterdistel. Eberwurz heißt sie, da die tiefe Pfahlwurzel gerne von Schweinen ausgescharrt und gefressen wird. Allem Anschein nach mögen sie diesen süßlichen und sehr aromatisch schmeckenden Pflanzenteil, der im übrigen mit seinen Heil- und Wirkstoffen auch in der Volksheilkunde erwähnt wird. Dieser Umstand, mehr aber noch die dekorative Wirkung der Blüte, führte zu einer starken Reduzierung des Pflanzenvorkommens. Die Silberdistel wurde deshalb in Deutschland unter Schutz gestellt.

Wenn die Tage im Spätsommer kürzer werden, bricht der Wanderer gerne zeitig auf. Zwischen Gräsern und Zweigen glitzern dann oft in der Morgensonne die kunstvoll hergestellten und mit Tauperlen besetzten Netze der Spinnen. Viele Menschen ekeln sich vor diesen Tieren. Trotzdem ist die Spinne für den Menschen ein Nützling und im Naturhaushalt ein faszinierendes Geschöpf. Die Spinnen haben fast alle Lebensräume des Landes besiedelt, und eine Art baut sogar eine Unterwasserstation, die sie geschickt mit Luft füllt. Sie fangen ihre Beute ohne und mit Rad-, Dreiecks- oder Trichternetzen. An den Beinen wachsen ihnen Tast- und Hörhaare. Besonders geschickt, ja kunstvoll bauen sie ihre Netze. In ihren Spinndrüsen können sie glatte, gekräuselte, klebrige und auch unterschiedlich eingefärbte Fäden herstellen. Ihr Hinterleib, in und an dem die Spinndrüsen und Spinnröhren (ist gleich Spinndüsen) sitzen, ist mit einem chemischen Labor und einer Spinnfabrik vergleichbar. Die Kreuzspinne, deren Netz das Bild zeigt, hat 600 Spinndüsen. Ein Muskelring am Ende jeder Düse kann Austritt und Stärke des Spinnsekretes regulieren. Es können alle oder nur ein Teil der Düsen arbeiten, das einzelne Fädchen erhärtet schnell an der Luft. Es ist nur ein 4/10000 Millimeter dick. Durch die Verbindung mit den anderen Fäden wird eine Stärke von einem Fünftausendstelmillimeter erreicht. Etwa 1400 dieser Fäden zusammen ergeben erst die Stärke eines menschlichen Kopfhaares. Das Ver-

**Sonnenstände des Löwenzahns. Aus einer Blüte entwickeln sich etwa 200 federleichte weiße Fallschirme. Nach ihrer Landung ankern sie am Boden mit kurzen scharfen Zacken und sichern so ihre Verbreitung.**

hältnis Spinnfaden zu Kopfhaar entspricht einem Verhältnis Zwirnsfaden zu Schiffstau. Die Fäden der Spinnen sind tragfähiger und dehnbarer als die der Seidenraupe. In der »Fauna Europas« von Garms steht: »Im 18. und 19. Jahrhundert wurden aus Spinnfäden Gebrauchsgegenstände wie Strümpfe und Handschuhe hergestellt, und noch heute finden Spinnfäden in der optischen Industrie Verwendung. So ist z.B. das Fadenkreuz in einem Fernglas ein Spinnfaden.«

Nützlich für den Menschen sind die Spinnen, da sie pflanzensaugende Insekten, Blattläuse und Zikaden und auch Mücken wegfangen. Entgegen weitverbreiteten Vorurteilen gibt es bei uns keine Spinnen, die mit ihrem Gift dem Menschen wirklich gefährlich werden könnten. Nur eine einzige Art, und zwar der Dornfinger (Cheiracanthium punctorium), ist laut Information des Umweltschutzreferats der Landeshauptstadt München gering giftig. Ihr Biß kann Übelkeit auslösen. Es ließe sich noch viel Interessantes über diese Tierart erzählen, z.B. daß es Spinnenarten gibt, bei denen nach der Hochzeit die Weibchen die Männchen töten. Doch genug damit!

Diese drei Beispiele veranschaulichen, wie aufschlußreich und auch erholsam die Beschäftigung mit der Natur sein kann. Nicht dem Urlauber des modernen Massentourismus, sondern am ehesten dem individuell Reisenden und dem interessierten Fußwanderer erschließt sich die Natur mit ihrem Zauber und ihren Geheimnissen. Die Verbindung mit den Geschöpfen und der Ruhe in der Natur fördert im Menschen die innere Ausgeglichenheit und echte Kreativität. Die von Menschen geschaffenen Freizeiteinrichtungen sind im Vergleich dazu viel zu grell, glitzernd und laut. Zur Eröffnung des »Disneyland« bei Paris meinte der Fernsehsprecher: »Nach einem Aufenthalt von drei Tagen in diesem Wunderland ist man urlaubsreif!«

Anders verhält es sich bei einem Aufenthalt in der Natur. Der berühmte Verhaltensforscher Konrad Lorenz schrieb: »Man muß die jungen Leute mit der Nase auf die Schönheiten der Natur stoßen, das macht sie immun gegen Depressionen.«

# Von der Isar an die Moldau

DIE Namen Isar und Moldau lenken die Gedanken auf die Hauptstädte Bayerns und Böhmens, auf München und Prag. Die beiden Landesmetropolen sind Ausgangs- und Endpunkt dieser etwa zwei bis drei Wochen dauernden Wanderung. Die verschiedenen Landschaftsräume der Flußtäler von Isar, Donau, Otava und Moldau sowie das dazwischenliegende uralte Gebirge des Bayerischen Waldes und des Böhmerwaldes geben dieser Fernwanderung Abwechslung und einen ganz besonderen Reiz.

Als Schwedens König Gustav Adolf 1632 von Norden her auf München zuritt, soll er die Stadt als »einen goldenen Sattel auf einer dürren Mähre« bezeichnet haben. Mit der »Mähre« meinte er wohl die karge Münchner Schotterebene.

Der Verlauf der Flüsse deutet die leichte Neigung der Ebene nach Nordosten an. In dieser allgemeinen Richtung, die auch die Isar bis zu ihrem Ziel unweit von Deggendorf einschlägt, liegt das Wanderziel Prag.

**Bayerische Landeshauptstadt und Isar-Metropole München. In der Bildmitte der Alte Hof, die erste Residenz der Wittelsbacher. Rechts darunter der Marienplatz, Aufbruchsort für die Weitwanderungen nach Venedig und Prag.**

## Das tertiäre Hügelland

Nach der Schotterebene bis fast zur Donau begleitet den Fluß zu beiden Seiten das tertiäre Hügelland. In der Mitte Münchens, auf einer Höhe von 515 Metern über dem Meeresspiegel, wo unsere Wanderung beginnt, hat die Isar bereits 135 Kilometer zurückgelegt und dabei über 1200 Meter an Höhe verloren. 148 Kilometer und 200 Höhenmeter Unterschied liegen noch vor ihr und damit auch als erstes vor uns. Auf den Wirtschaftswegen neben dem Fluß mit seinen Stau- und Fließstrecken und auch mal auf Seitenwegen über hügeliges Gelände führt die Wanderroute durch ober- und niederbayerisches Land in die geschichtsträchtigen Ortskerne von Freising, Moosburg, Landshut, Dingolfing und Landau.

Den natürlichen Verlauf der Isar und der Moldau haben Politiker und Techniker während der vergangenen hundert Jahre einschneidend verändert. Bereits nach den Ursprüngen, oben im Karwendel, wurden im Falle der Isar mehrere Quellbäche umgeleitet. Flußabwärts folgen Verbauungen, Stauseen und Kanäle. Gleich nach München, bei Oberföhring, fließt auf einer Länge von 54 Kilometern das meiste Wasser im Kanal der sogenannten Mittleren Isar. Unterhalb von Landshut dagegen bleibt das ganze Wasser im alten Flußbett, und mehrere Staustufen verwandeln den Fluß in Seelandschaften. Zwei Dutzend Wasserkraftwerke und das Atomkraftwerk bei Ohu nutzen das Isarwasser. Je nach Routenwahl erreichen wir die Donau bei Deggendorf oder 35 Kilometer flußabwärts bei Vilshofen.

◁ **Abendstimmung an der Isar. St. Maximilian von der Ludwigsbrücke aus gesehen.**

## Alle Wege führen nach Prag

Der Obere Weg steigt gleich hinter Deggendorf 314 Höhenmeter hinauf zur Rusel, 860 Meter. Er führt über Kirchberg, 736 Meter, Kirchdorf, 686 Meter, nach Spiegelau, 759 Meter, an den Rand des Bayerischen Nationalparks. Von dort zieht er über den Lusen, 1373 Meter, zum Grenzübergang nach Buch-

**Am Isar-Stausee oberhalb von Landau und unweit des Dorfes Usterling. Die Uferwege sind für den öffentlichen Kraftfahrzeugverkehr gesperrt und eignen sich so vorzüglich für Fuß- und Radwanderungen.**

wald (tschechisch: Bučina), 1120 Meter. Von dort sind es etwa zweieinhalb Kilometer bis zur Quelle der Warmen Moldau. Die Wanderroute leitet über den Kubany und strebt dann nach Winterberg (Vimperk) an die Volyňka. Der Obere Weg und der Untere Weg treffen in der Stadt Písek wieder zusammen. Die Route gabelt sich in Deggendorf. Der Untere Weg wechselt mit dem Schiff auf der Donau hinüber nach Obernzell. So gelangt man weitgehend ohne Belästigung durch den städtischen Kraftfahrzeugverkehr zu den ruhig gelegenen Wanderwegen unweit der bayerisch-österreichischen Grenze. Sowohl der Fuß- wie auch der Radwanderer findet hier günstige Routen über Wegscheid und das Grenzgebirge hinein nach Böhmen. Genau wie der Obere, so benützt auch der Untere Weg mit der Zollstation bei Haidmühle einen Grenzübergang, der nur für Fußgänger und Radfahrer offen ist. Auf alten Kirchwegen überschreitet der Untere Weg den Tussetberg und quert nach der Ortschaft Guthausen (Dobrá) die Warme Moldau. Seine Zwischenziele sind die Säumerorte Wallern (Volary) und vor allem Prachatitz (Prachatice), das frühere »salis emporium«. Zwischen diesen beiden Orten quert man bei der Ruine Gans (Hus) die muntere Flanitz. Der Geburtsort des Reformators Jan Hus wird wenige Kilometer nach Prachatitz aufgesucht. Er liegt ebenfalls an diesem Flüßchen. In der ehemals königlichen Stadt Písek überspannt die älteste Brücke Böhmens die Otava. Mit der Beraun (Berounka), die kurz vor Prag in die Moldau mündet, ist die Otava mit ihrer Länge von 134 Kilometern ein bedeutender linker Nebenfluß der Moldau. Die Otava entspringt unter dem Rachel. Ihr Lauf im Böhmerwald ist tief eingeschnitten; Wasserfälle bereichern sie, und an ihren Ufern haben zahlreiche Goldwäschereien Spuren hinterlassen. Der Wandertag von Písek nach Klingenberg (Zvíkor) steht ganz im Zeichen der Otava. Je näher wir dem Tagesziel kommen, um so ruhiger und breiter fließt das Wasser. Der Rückstau vom Orlíkdamm wirkt bis hier herauf. Unterhalb der Königin der böhmischen Burgen, gemeint ist Klingenberg, das tschechische Zvíkov, stehen wir dann endlich an der mittleren Moldau. Sie ist unsere Richtschnur für die letzten zwei bis drei Wandertage. Die großen Stauseen von Orlík und Slapy haben den Lauf der mittleren Moldau einschneidend verändert. Unterhalb des Staudammes von Slapy wurden bis Prag noch drei Flußstufen eingebaut. Mit Hilfe von Schleusen überwinden aber die im Sommerhalbjahr regelmäßig verkehrenden Ausflugschiffe diese Höhenunterschiede. Der Wasserstau in den Seitentälern zwingt die beidseitigen Wanderrouten, immer wieder landeinwärts auszuweichen. Bei Davle vermehrt die von Osten her einmündende Sázava das Moldauwasser. Wenn am rechten Moldauufer die Felsbastion des sagenumwobenen Vyšehrad auftaucht, ist das Wanderziel, die goldene, hunderttürmige Stadt Prag, erreicht. Wie auf der Wanderung nach Venedig sollte man auch beim Wandern nach Prag die letzten Kilometer mit dem Schiff zurücklegen. So meidet der Wanderer Industriegebiete und laute Autostraßen. Die Moldau prägt mit ihrem breiten Lauf und den sie überspannenden Brücken das unverwechselbare Stadtbild von Prag. Etwa 50 Kilometer unterhalb der Stadt beim Schloß Mělník vereinigt sich die Moldau mit der Elbe. Die Moldau – sie wird im Tschechischen Vlatava genannt – hat hier 440 Kilometer zurückgelegt und mehr als die Hälfte des Landes Böhmen entwässert. Die Elbe hingegen kann nur mit einer Fließstrecke von 290 Kilometern aufwarten. Ihr Einzugsbereich beschränkt sich auf den nordöstlichen Teil Böhmens. Man fragt sich mit Recht: Wieso liegen eigentlich Dresden und Hamburg nicht an der Moldau? War das verzweigte Einzugsgebiet der Moldau im entlegenen großen Waldgebirge den keltischen Taufpaten ein »böhmisches Dorf«?

Schließlich hat auch Friedrich Smetana (1824–1884), der am Moldauufer im Ehrenfriedhof oben auf dem Vyšehrad ruht, nicht der Elbe, sondern der Moldau ein künstlerisches Denkmal gesetzt. Symbolhaft widmete er 1874 – im selben Jahr verlor er sein Gehör – den ersten Satz der sinfonischen Dichtung »Mein Vaterland« diesem urböhmischen Fluß. Die Musik und die Worte Smetanas lassen etwas vom Zauber der ursprünglichen Moldaulandschaft erahnen. Der Künstler schrieb zu seinem Werk: »Diese Komposition schildert den Lauf der Moldau. Sie belauscht die ersten zwei Quellen, die Warme und die Kalte Moldau, verfolgt dann die Vereinigung

**Die Isar zwischen Oberföhring und Ismaning. Durch die Ableitung des Kanals der »Mittleren Isar« wurde der Fluß bei Normalwasser zwischen Oberföhring und oberhalb von Landshut zu einer Flußleiche.**

beider Bäche und den Lauf des Moldaustromes über die weiten Wiesen und Haine, durch Gegenden, wo die Bewohner gerade fröhliche Feste feiern. Im silbernen Mondlicht führen Wassernymphen ihre Reigen auf, stolze Burgen und ehrwürdige Ruinen, Schlösser, mit dem wilden Felsen verwachsen, ziehen vorbei. Die Moldau schäumt und wirbelt in den Stromschnellen von Sankt Johanni, strömt im breiten Flusse Prag zu, Vyšehrad taucht an ihrem Ufer auf. Die Moldau strebt majestätisch weiter, entschwindet den Blicken und ergießt sich schließlich in die Elbe.«

Die von mir vorgeschlagene Wanderung von München bis Prag läßt sich zu Fuß und mit dem Rad durchführen. Zuerst das Isartal mit seinen für Autos gesperrten Wegen, dann das Gebirge und Böhmen mit einem vorbildlichen Wanderwegenetz und schließlich die schiffbare Moldau. Daher schlage ich eine gemischte Wanderung vor, sie ist mit Sicherheit am erlebnisreichsten. Zuerst mit dem Fahrrad bis an die Donau, anschließend (Oberer Weg) oder nach einer Schiffahrt auf der Donau (Unterer Weg) zu Fuß übers Gebirge und gegen Ende

◁ **Ausblick von der Rusel (oberhalb von Deggendorf) in den Lallinger Winkel, die »Obstschüssel« des Bayerischen Waldes. In dem weiten Hangwald links oberhalb lebte von 1008–1011 der selige Gunther als Eremit.**

**Morgenstimmung am Mittellauf der Moldau bei Solenice. Bei der kleinen Waldlichtung mit Pappel (im Hintergrund links) zieht der Wandersteig den Waldhang hinauf. Er überwindet dabei etwa 150 Höhenmeter.**

bequem auf dem Moldauwasser bis in das Herz von Prag. Sowohl beim Unteren wie auch beim Oberen Weg bieten sich reizvolle Varianten an. Auf all diese Möglichkeiten wird im beiliegenden Führer näher eingegangen.

## Die Fußwanderung in Tagesabschnitten

| | | km |
|---|---|---|
| 1. | München (515 m) – Ismaning | 14 |
| 2. | Ismaning – Freising | 22 |
| 3. | Freising – Moosburg | 20 |
| 4. | Moosburg – Landshut | 21 |
| 5. | Landshut – Dingolfing | 30 |
| 6. | Dingolfing – Landau | 16 |
| 7. | Landau – Deggendorf (315 m) | 30 |
| | | = 153 km |

8. mit 15. Wandertag siehe die Längenschnitte über den Oberen und Unteren Weg!

| | | |
|---|---|---|
| 16. | Písek (398 m) – Zvíkov | 20 |
| 17. | Zvíkov – Orlík | 17 |
| 18. | Orlík – Solenice | 20 |
| 19. | Solenice – Zvírotice | 17 |

| | | km |
|---|---|---|
| 20. | Zvírotice – Živohošt' | 16 |
| 21. | Živohošt' – Pikovice | 23 |
| 22. | Pikovice – Zbraslav | 17 |
| | mit dem Schiff nach Prag | 10 |
| | | = 140 km |

Gesamtlänge der Wanderstrecke München – Prag auf dem Oberen Weg

| | |
|---|---|
| München – Deggendorf | 153 km |
| Deggendorf – Písek | 179 km |
| Písek – Prag | 140 km |
| | = 472 km |

## Längenschnitt des »Oberen Weges«

(Deggendorf – Winterberg – Strakonitz – Pisek)

Länge ca. 180 km, Höhenmeter ca. 3300; stark überhöht gezeichnet

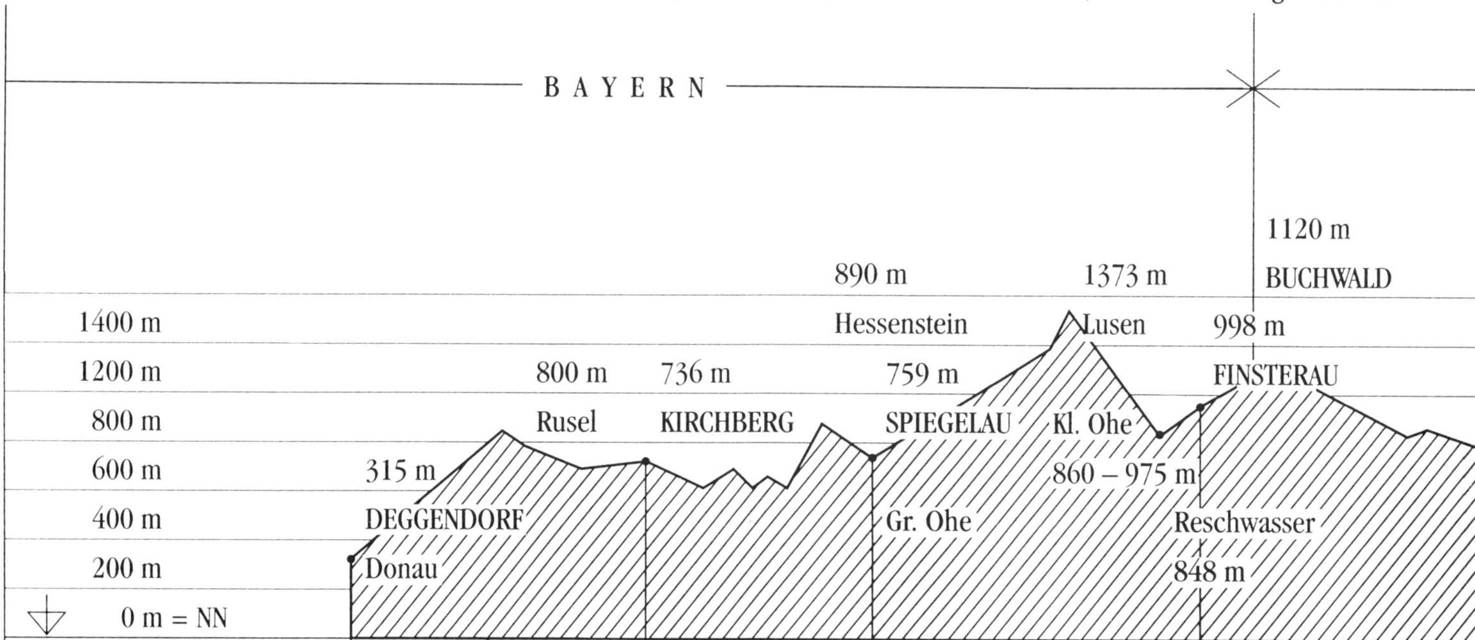


| | | | | |
|---|---|---|---|---|
| Höhenunterschied + | 565 m | 387 m | 774 m | 362 m |
| – | 216 m | 364 m | 535 m | 360 m |
| Tages-Kilometer | 23 km | 18 km | 25 km | 27 km |

0 5 10 km 50

## Längenschnitt des »Unteren Weges«

(Obernzell – Prachatitz – Pisek)

Länge ca. 145 km, Höhenmeter ca. 3000; stark überhöht gezeichnet

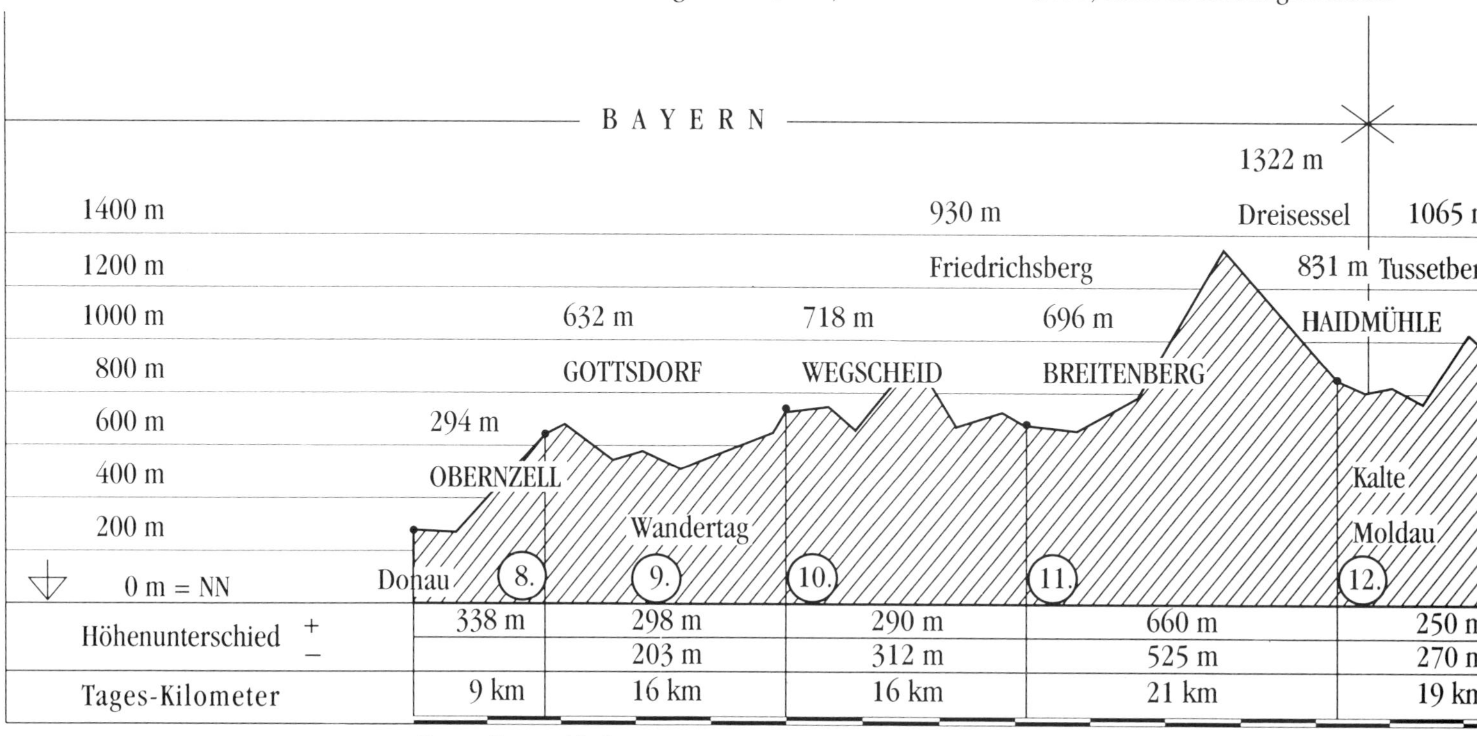


| | | | | | |
|---|---|---|---|---|---|
| Höhenunterschied + | 338 m | 298 m | 290 m | 660 m | 250 m |
| – | | 203 m | 312 m | 525 m | 270 m |
| Tages-Kilometer | 9 km | 16 km | 16 km | 21 km | 19 km |

0 5 10 km 50

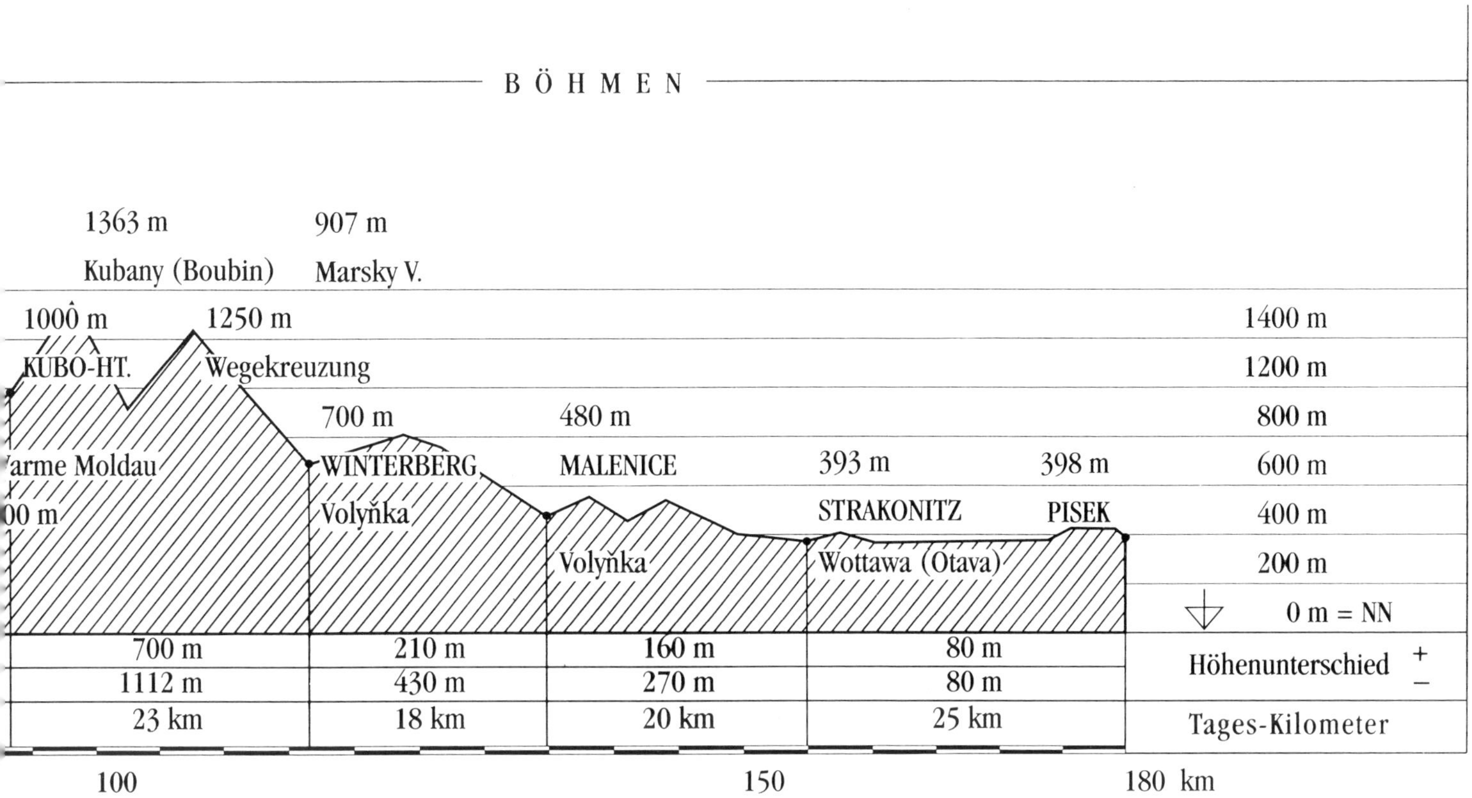
BÖHMEN
1363 m
Kubany (Boubin)
907 m
Marsky V.
1000 m
KUBO-HT.
1250 m
Wegekreuzung
'arme Moldau
00 m
700 m
WINTERBERG
Volyňka
480 m
MALENICE
Volyňka
393 m
STRAKONITZ
Wottawa (Otava)
398 m
PISEK
1400 m
1200 m
800 m
600 m
400 m
200 m
0 m = NN
700 m
1112 m
23 km
210 m
430 m
18 km
160 m
270 m
20 km
80 m
80 m
25 km
Höhenunterschied + –
Tages-Kilometer
100
150
180 km

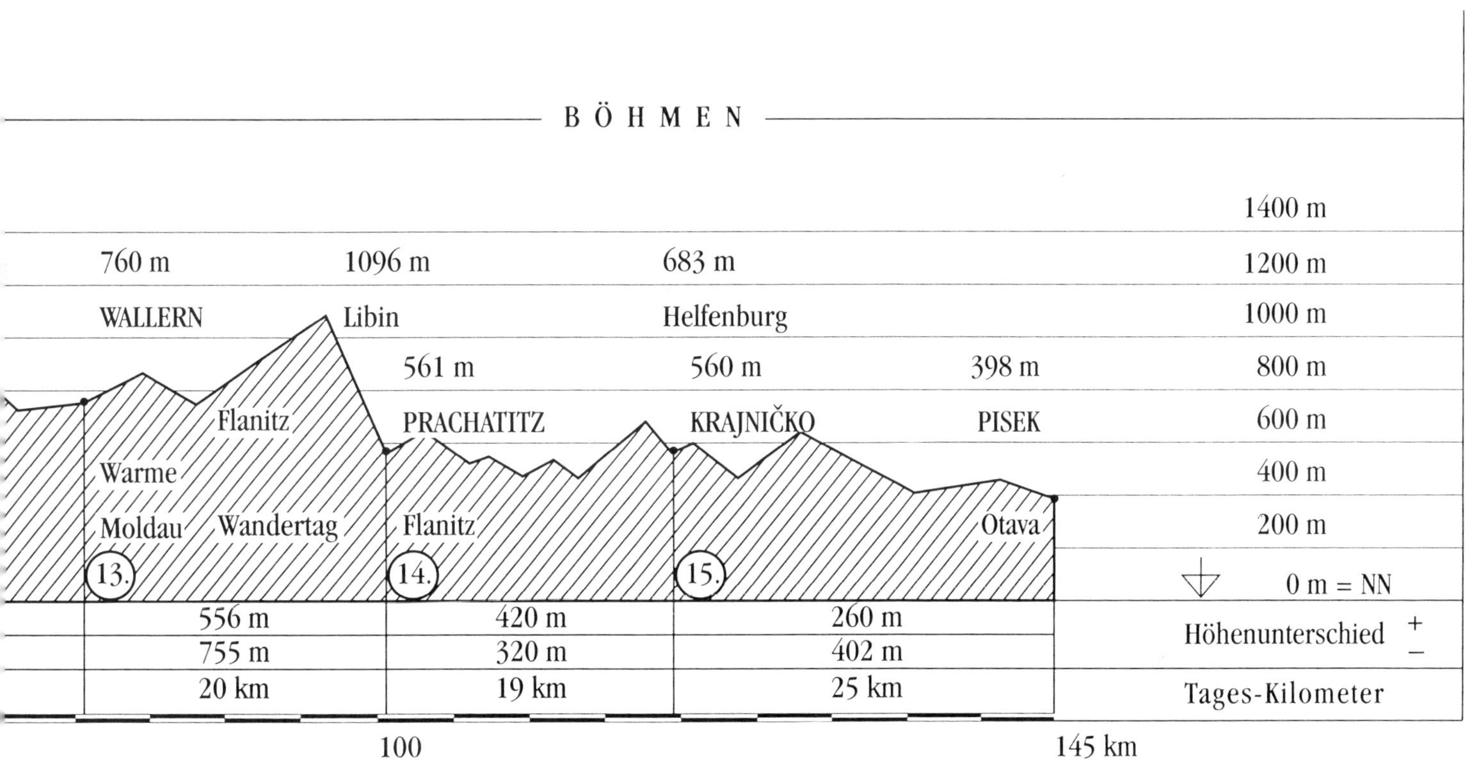
BÖHMEN
1400 m
760 m
WALLERN
1096 m
Libin
683 m
Helfenburg
1200 m
1000 m
Flanitz
561 m
PRACHATITZ
560 m
KRAJNIČKO
398 m
PISEK
800 m
600 m
Warme
Moldau
Wandertag
Flanitz
Otava
400 m
200 m
13.
14.
15.
0 m = NN
556 m
755 m
20 km
420 m
320 m
19 km
260 m
402 m
25 km
Höhenunterschied + –
Tages-Kilometer
100
145 km

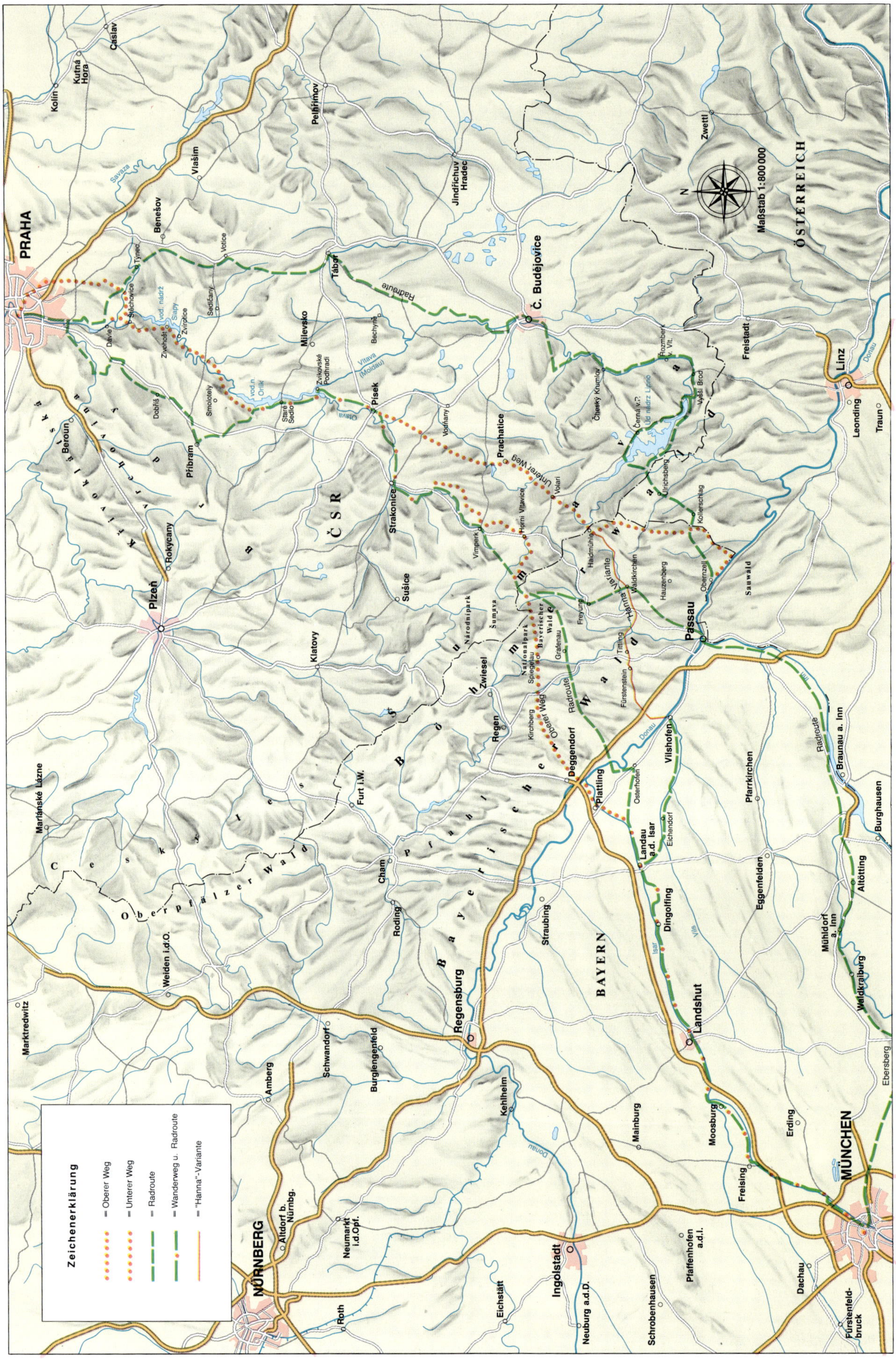
Zeichenerklärung
= Oberer Weg
= Unterer Weg
= Radroute
= Wanderweg u. Radroute
= "Hanna"-Variante
Maßstab 1:800 000
PRAHA
Č. Budějovice
Plzeň
Passau
Linz
MÜNCHEN
NÜRNBERG
Regensburg
Landshut
Deggendorf
Ingolstadt
ČSR
BAYERN
ÖSTERREICH
Oberpfälzer Wald
Unterer Weg
Oberer Weg
Radroute
Donau

# Kirchen, Einkehren für Seele und Geist

Der Inbegriff des Wanderns war und ist auch heute noch, in Gottes freier Natur zu Fuß unterwegs zu sein.
Die Landschaften an Isar und Moldau und der Böhmerwald bieten reichlich Gelegenheit zu einem erholsamen Eintauchen in die Natur. Dort ist der Mensch in der Gemeinschaft der Geschöpfe Gottes. Bedauerlicherweise haben die maßgebenden Konfessionen des Abendlandes die Bedeutung der Mitgeschöpfe im ökologischen Gefüge unserer Erde durch Jahrhunderte hindurch unterbewertet. Dies hat mit zu den jetzigen Umweltkatastrophen beigetragen.
Zum Wandern gehören auch das Rasten und Einkehren, um Kraft zu schöpfen für den Weiterweg. Weithin prägen die Kirchen mit ihren hohen Türmen die Silhouetten der Dörfer und alten Stadtkerne. Die Stätten der Erholung und Besinnung liegen meist nahe beieinander. Auch einem Nichtgläubigen kann das Aufsuchen einer Kirche etwas geben. Bergen doch sehr oft diese Bauten am Wege nach Prag künstlerisch und kulturgeschichtlich Interessantes und Wertvolles. Die in den nächsten Abschnitten aufgeführten Kunstdenkmäler machen die Wanderung vom Marienplatz zum Wenzelsplatz auch zu einem Gang durch alle Stilepochen Mitteleuropas.

## Kirchen in den Residenzstädten

### München

Schon der Name unseres Aufbruchsortes hat eine enge Beziehung zum Thema dieses Abschnittes. In der Gründungsurkunde von 1158 heißt der Ort noch Munichen, was soviel bedeutet wie »bei den Mönchen«. Sie, die Fratres aus Tegernsee, hatten im 10. Jahrhundert den Ort gerodet, besiedelt und eine erste Andachtsstätte am Petersbergl unweit der Isar gebaut. Wie ein Symbol für die Gründungsväter schaut von der Spitze des neuen Rathausturmes das Münchner Kindl mit Mönchsgewand und Gebetbuch zum benachbarten Alten Peter hinüber. Die Anfänge der jetzigen Kirche St. Peter reichen bis in das 12. Jahrhundert zurück. Damit ist der in seinem Grundkonzept romanische Bau die älteste Kirche Münchens. Sie besitzt eine reiche Ausstattung, die von der Spätgotik bis zum Klassizismus reicht. Besonders hervorzuheben sind der Taufstein von Hans Krumpper, Grabsteine und eine Petrusfigur von Erasmus Grasser, Tafelbilder von Jan Polack und Standbilder der vier Kirchenväter von Egid Quirin Asam. Nach Verhinderung der geplanten Sprengung im Jahre 1945 steht St. Peter auch exemplarisch für den bewundernswerten Wiederaufbau von München. Wie eng verbunden die Einkehrplätze für Seele und Leib in Bayern sind, beweist das bekannte Volkslied vom Alten Peter: »Solang der Alte Peter, der Petersturm, noch steht, solang die grüne Isar durch d' Münchner Stadt no geht, solang da drunt am Platzl no steht das Hofbräuhaus, solang stirbt die Gemütlichkeit in München a net aus!«

### Die Frauenkirche

Die offizielle Bezeichnung für diesen spätgotischen Backsteinbau lautet: Dom zu Unserer Lieben Frau.
Im Jahr 1468 legte Herzog Sigismund den Grundstein. Zehn Jahre danach war der Dachstuhl fertig und 1488 die beiden Türme. Den Abschluß bildeten zuerst Notdächer. Die Planung und Bauausführung lag bei Jörg Ganghofer, bekannt auch als Jörg von Halspach. Das mächtige Bauwerk ist 109 Meter lang und 40 Meter breit. Die beiden 99 und 100 Meter hohen markanten Türme sind das bekannteste Wahrzeichen Münchens. Der Abschluß mit den welschen Hauben verweist bereits auf den Anfang der Renaissance. Erst im Jahre 1524 wurden sie den Türmen aufgesetzt.
Bewundernswert ist die Leistung der damaligen Bürgerschaft. Die Stadt zählte in der zweiten Hälfte des 15. Jahrhunderts nur 13 000 Einwohner. Sie zahlten für den Kirchenbau mehr Steuern, spendeten selbst Baumaterial und halfen auch persönlich beim Bau mit. Schriftlich festgehalten ist, daß allein für diesen Kirchenbau aus den Tölzer Bergen 140 Floße mit rund 2 100 Baumstämmen die Isar herunterschwammen. Unter Herzog Maximilian wurde die Kirche ab 1601 im Stil der Renaissance ausgestattet. Die Regotisierung des Kirchenschiffes erfolgte von 1858 bis 1868. Damals sollten auch die Türme neugotische Spitzhelme erhalten. Fliegerangriffe von 1943 bis 1945 zerstörten die Kirche weitgehend. Der Wiederaufbau und die Neugestaltung des Inneren mit den beiden Grüften dauerte bis 1957. Noch in den letzten Jahrzehnten wurde die Innenausstattung umgestaltet und ergänzt. Die Frauenkirche birgt u.a.

**Die Theatinerkirche, benannt nach dem Orden, der 1669 nach München berufen wurde. Früher war sie die Hofkirche zum heiligen Kajetan. Baumeister war Agostino Barella, der Architekt des Magistrats zu Bologna.**

historisch bedeutsame Werke von Krumpper, Leinberger, Polack und Günther. Eine Sage erzählt vom Fußtritt des Teufels, den man unterm Chor bestaunen kann. Nachdem der Satan von dieser Stelle aus keine Fenster sah, verließ er erheitert den Raum und vergaß ganz den Wind, den er zuvor an der Kirchenmauer angehängt hatte.
Mit der Verlegung der Residenz des Erzbischofs von Freising nach München im Jahre 1821 wurde die Frauenkirche Bischofskirche und Metropolitankirche der südbayerischen Kirchenprovinzen.

## Die Asamkirche

Einige hundert Meter südwestlich des Marienplatzes in der Sendlinger Straße bauten sich die Brüder Cosmas Damian (1686–1739) und Egid Quirin Asam (1692–1750) eine eigene Kirche samt Priesterhaus und Wohnhaus. Dies war um dieselbe Zeit, als im Alpenvorland an der Wieskirche gearbeitet wurde und in München die Dreifaltigkeitskirche, die St.-Anna-Klosterkirche und St. Michael in Berg am Laim entstanden. 1742, vier Jahre vor der Einweihung der Asamkirche, war in Frankfurt am Main zum dritten Mal ein Wittelsbacher zum deutschen Kaiser gekrönt worden. Der Reichsadler an der Orgelempore in der Kirche erinnert an diesen Karl VII., den Kaiser ohne Land und Macht. Üppig haben die Asambrüder ihre Kirche mit Stukkaturen, Figuren, Fresken und Ölbildern ausgestattet. Zur Gestaltung der schmalen Fassade brachten sie Dientzenhofersche Anregungen aus Prag mit. Auch der Kirchenpatron Johannes von Nepomuk, der 1729 heiliggesprochen worden war, erinnert an Prag. Am Hochaltar steht in einem Glasschrein die Wachsfigur mit Reliquien dieses böhmischen Heiligen, und an die Decke hat Cosmas Damian Asam das großartige Fresko »Leben des hl. Nepomuk« gemalt. Weitere Nepomukmotive sind im Kircheninnern und auch an der Außenfront. Ein Besuch dieser Kirche ist demnach eine gute Einstimmung für die Wanderung nach Prag.

## Die Theatinerkirche

Kaum einen Kilometer haben wir zurückgelegt, da treffen wir bei der Feldherrnhalle auf die ehemalige Hofkirche zum hl. Kajetan. Sie wird seit der Berufung des Theatinerordens nach München im Jahre 1669 auch Theatinerkirche genannt. Josef Obernberger (1761–1845), Kreisdirektor und Schriftsteller, schreibt im Jahre 1816 über diese süddeutsche Abwandlung eines römischen Vorbildes: »Ist die Frauenkirche wegen ihrer Majestät und Größe, hingegen in Absicht auf Kühnheit, Pracht der Bauart jene zum hl. Michael die erste Kirche Münchens: so behauptet die Hofkirche zum hl. Kajetan immer den nächsten Rang als der dritte vorzügliche Tempel der Königsstadt. Die Veranlassung dieses schönen italienischen Baues spricht das Gemälde im Choraltar aus, es verkündet sie die Steinschrift über dem Portal im Innern der Kirche.
Henriette Maria Adelhaid, Tochter Herzogs Viktor Amadeus von Savojen, Gemahlin des Kurfürsten Ferdinand Maria, hatte in einer Ehe von acht Jahren noch keinen Prinzen geboren. Ein Gelübde, den Ordensbrüdern des hl. Kajetans Kirche und Kloster erbauen zu lassen, schien hier gewirkt zu haben; Maximilian Emanuel trat ans Licht im Jahre 1662 – und unverzüglich schritt der erfreute Hof zur Lösung des Gelübdes. …
Im Geschmacke des römischen Vatikans aufgeführt, ist diesem Tempel das Gepräge eines großen Styls aufgedrückt. Die Länge desselben mißt 226 Fuß, die ganze Breite mit Einschluß der Kapellen 126. Die Bauform ist die gewöhnliche neuere des Kirchen-Styls, nämlich die Form eines Kreuzes. Die hohe Kuppel mit dem majestätischen Dom, auf vier Hauptpfeiler korinthischer Ordnung gestützt; das zierlich gewölbte Langhaus, in sechs Arkaden geteilt und mit halb hervorstehenden canelirten Säulen geschmückt, bildet zusammen ein herrliches Ganzes, das sich mit Würde ausnimmt, und von jedem andern Kirchen-Gebäude schon beym ersten Anblicke vorteilhaft unterscheidet. Unter der Kuppel stehen der Choraltar und die zwei hohen Seiten-Altäre, welche verdienten, nicht mit gewundenen Säulen im Auge des Kunstkenners entstellt zu seyn. Unter die sechs Arkaden theilen sich die übrigen kleineren Altäre, welche andere kleine Kuppeln über sich haben. Mit Stukkatur reich geschmückt, entbehret das Innere, wie in einer früheren Beschreibung bemerkt worden,

**Blick in das Mittelschiff des Freisinger Doms. Im Vordergrund sind Teile des romanischen Eingangs erkennbar. Der Innenraum wurde zur 1000-Jahr-Feier des Bistums in den Jahren 1723/24 durch die Brüder Asam barockisiert.**

**Auf dem Domberg zu Freising, dem Mittelpunkt altbayerischer Gelehrsamkeit. Rechts im Bild ist der Nordturm des aus dem 12. Jahrhundert stammenden romanischen Doms zu sehen. Links schließt die gotische Johanneskirche an.**

nur desto härter die Vergoldung der Kapitäle, Friesen und Schäfte; diese ›würde der korinthischen Bauart jene Vollendung gegeben haben, welche die den Werken griechischer Baukunst so eigenthümlich angehört. Alles übrige, Einteilung, Zartheit der Glieder und Verbindung ist Meisterwerk‹, Agostino Barella, Architekt des Magistrats zu Bologna hat sich als Baumeister dieser Kirche ein herrliches Monument gesetzt.«

## Freising, ehemaliger geistlicher Mittelpunkt Altbayerns

Etwa zwei Stunden nach dem Aufbruch in München nähert sich der Radwanderer Freising, der ältesten Stadt an der Isar. Bis zur Säkularisation im Jahre 1803 war der Domberg der geistliche Mittelpunkt Altbayerns. Hier sollte der Fremde dem Drang weiterzuradeln, der am Wanderbeginn besonders stark ist, widerstehen. Es lohnt sich! Die Ergebnisse neuerer Ausgrabungen weisen auf eine 4000jährige Besiedelung dieses Hügels am nördlichen Ende der Münchner Schotterebene hin. Im frühen 8. Jahrhundert zierte diese bedeutende Anhöhe an Isar und Moosach eine Feste der Agilolfinger Herzöge. In der Burgkapelle des Herzogs Grimoald feierte der von Rom zurückgekehrte Bischof Korbinian den Gottesdienst. Nach seiner Rückkehr aus Rom um das Jahr 720 hatte er auf dem gegenüberliegenden Hügel Weihenstephan eine klösterliche Gemeinschaft gegründet. Aus diesem Oratorium des hl. Stephanus entwickelten sich im 9. Jahrhundert Kanonikerstifte und im Jahre 1021 ein Benediktinerkloster. Mehrere Kirchen, Kapellen und das Stiftsgebäude auf der Anhöhe von Weihenstephan wurden im Jahre der Säkularisation 1803 dem Erdboden gleichgemacht. An ihrer Stelle entstand im Laufe der letzten Jahrzehnte das grüne Zentrum Bayerns mit Ausbildungs- und Forschungsstätten für die Landwirtschaft, den Gartenbau und das Brauereiwesen, im Volksmund auch »Nährberg« genannt.

Auf dem Burgberg indes trat an die Stelle der bescheidenen Kapelle der romanische Dom Mariä Geburt und St. Korbinian. Nach einem Brand im Jahre 1159 wurde er wieder aufgebaut und erhielt nach mehreren Umbauten zur Tausendjahrfeier des Bistums in den Jahren 1723/24 durch die Dekoration der Brüder Asam seine jetzige Pracht. Der Domberg als Mittelpunkt altbayerischer Gelehrsamkeit blieb dank der Förderung König Ludwigs I. erhalten. Die ehemalige fürstbischöfliche Residenz, der Fürstengang, die gotische Johanniskirche, der romanische Dom mit seiner barocken Ausstattung, die Krypta, der Kreuzgang und die Dombibliothek bilden eine Raumfolge von einmaliger Schönheit.

Ein Besuch des Freisinger Doms ist immer wieder ein künstlerisches Erlebnis. Nachdem man den Vorraum und das romanische Portal durchschritten hat, öffnet sich mit dem tiefer liegenden Mittelschiff ein weiter vom Glanz des Barocks erfüllter romanischer Raum. Auf der gegenüberliegenden Seite bestimmt das große Altarbild von Rubens (Kopie) den Raum.

Der Chor wird eingefaßt von dem dunklen, hochragenden Gestühl. Mehr als ein halbes Jahrtausend Kunstgeschichte sind in dieser dreischiffigen Basilika nachzulesen.
Vierschiffig ist die darunterliegende Krypta. Sie ist um 1160 entstanden und ruht auf 24 freistehenden Säulen. Quellen weisen auf den Vorgängerbau des 9. Jahrhunderts hin. Den räumlichen und auch kunstgeschichtlichen Mittelpunkt bildet die sogenannte Bestiensäule. Die Figuren zeigen den Kampf zwischen Gut und Böse, zwischen Licht und Dunkel, zwischen Menschen und Drachen. Der geheimnisvolle Raum birgt die Reliquien des hl. Korbinian und des hl. Nonnosus.
Wer in Freising übernachtet, durch die Altstadt und über den Markt bummelt, erlebt ein altbayerisches städtisches Leben und damit die andere Seite von Freising. Ähnlich wie in München bildet die Mariensäule auf dem Marienplatz den Mittelpunkt der Stadt. Fast bescheiden, etwas zurückversetzt, in der Nordostecke des Platzes, steht die Pfarrkirche St. Georg. Hervorgegangen ist sie aus einer hölzernen Friedhofskirche Sankt Jörg im Moß. Im 12. Jahrhundert ersetzte sie ein steinerner Neubau, und damit wurde sie allmählich zum Seelsorgezentrum für die Stadt. Das jetzige Kirchenschiff stammt aus dem 15. Jahrhundert. Den schönen Barockturm erbaute der Graubündner Antonio Riva von 1679 bis 1689. Im nüchtern gehaltenen Innenraum sind von der spätgotischen Ausstattung erhalten: das Chorkreuz, die beiden Marienplastiken im Chor, die Figur der Annaselbdritt und die Ölberggruppe in der Turmkapelle. Auch die ehemalige Klosterkirche der Prämonstratenser im Ortsteil Neustift ist eine Besichtigung wert. Kirchenpatrone sind die Apostel St. Peter und Paul. Der Sakralbau dient jetzt als Pfarrkirche. Er wurde in den Jahren 1704 bis 1715 von Giovanni Antonio Viscardi erbaut und von so namhaften Künstlern wie Franz Xaver Feichtmayr d.J., Johann Baptist Zimmermann und Ignaz Günther ausgestattet.

## Landshut

Kilometerweit über das flache Isartal grüßt der Turm von St. Martin. Mit seiner Höhe von 130 Metern ist er der höchste Backsteinturm der Welt und das Wahrzeichen der niederbayerischen Metropole. Das vergoldete Turmkreuz mit sieben Meter Höhe ragt über die Burg Trausnitz hinaus. Die reichen Bürger von Landshut wollten vor gut 500 Jahren ihren Wohlstand demonstrieren und dem Herzog in die Suppenschüssel schauen, als sie dieses gigantische Bauwerk errichteten. Viele Baumstämme schwammen auch für dieses Gotteshaus die Isar herunter.

**Das Münster Sankt Martin in Landshut, das von 1385 bis etwa 1500 erbaut wurde. Mit seiner Höhe von 130 Metern ist der Turm der höchste Backsteinturm der Welt.**

**Blick in das Mittelschiff von Sankt Martin in Landshut. Ein besonderer Blickfang ist das spätgotische Holzkreuz im Chorbogen, das vermutlich 1495 von dem Ulmer Meister Michael Ehrhart gefertigt wurde.**

Allein das gesamte Kirchenfundament ruht auf etwa 10000 zirka 1,50 Meter langen Fichten- und Tannenpfählen. Dicht an dicht sind sie in den grundwasserumspülten Boden gerammt worden. Sie hätten, ähnlich wie in Venedig, nahezu unbegrenzt als tragfähiges Fundament die Zeiten überdauert, hätten nicht die Wasserbauer immer wieder in den letzten Jahrzehnten den Flußlauf der Isar einschneidend begradigt. So ist das Grundwasser gesunken, der Pfahlrost verlor die schützende Wasserdecke, Pilzbefall und Verrottung setzten ein, und das Mauerwerk bekam Risse. Bis zum Beginn der Sanierungsarbeiten im Sommer 1989 hatte sich der kühn gebaute Turm um sechs Zentimeter nach Südosten geneigt. Bereits 1973 brachten russische Ingenieure vom Leningrader Bauinstitut ihre Erfahrungen ein, die sie bei der Sicherung des über 100 Meter hohen Kuppelbaus der Isaakskathedrale im jetzigen St. Petersburg sammeln konnten. Die schwierigen Sanierungsarbeiten am St.-Martins-Münster sollen etwa 28 Millionen Mark kosten. All dies haben sich die verantwortlichen Baumeister Hans Krumenauer, Hans von Burghausen und Hanns Stethaimer wohl nicht träumen lassen, als sie von 1385 bis etwa 1500 dieses Meisterwerk der Spätgotik errichteten. Das Grabmal des Meisters Hans von Burghausen an der Südwand der Martinskirche zeigt die Halbfigur des Erbärmdechristus und darunter die Büste des Erbauers. Die Inschrift verweist auf seine weiteren Werke in Landshut, Salzburg, Neuötting, Straubing und Wasserburg.

Nach der Restaurierung des Innenraumes von 1952 bis 1956 kommt der hochstrebende gotische Kirchenraum wieder voll zur Geltung. In seiner Wirkung auf den Betrachter und in seinen Ausmaßen läßt er sich sehr wohl mit dem Veitsdom in Prag vergleichen. Das Kirchenschiff von Sankt Martin ist 92 Meter lang und etwa 29 Meter breit und hoch. Sehr eindrucksvoll ist das spätgotische Kruzifix aus Lindenholz im Chorbogen. Vermutlich schuf es der Ulmer Meister Michael Ehrhart im Jahre 1495. Es hat noch seine ursprüngliche Fassung. Die Gesamthöhe des Kreuzes beträgt acht Meter, die Länge des Korpus mißt 5,8 Meter und die Armweite 5,4 Meter. Auf ein weiteres Kunstwerk von St. Martin sei noch hingewiesen: die Rosenkranzmuttergottes von Hans Leinberger. Er schuf sie um das Jahr 1518, ursprünglich war es eine freischwebende Rosenkranzmadonna. Sie war ähnlich gestaltet wie jene von Veit Stoß in der Nürnberger Sebalduskirche. Seit der jüngsten Renovierung nimmt die 2,20 Meter hohe Madonna die Stirnwand des rechten Seitenschiffes ein. Eingerahmt wird sie dort von Fragmenten eines gotischen Wandgemäldes. Die Epitaphe der Barbara Nothaft und der Familie Rorer in St. Martin stammen von demselben Künstler. Der künstlerisch interessierte Wanderer kann weitere Werke dieses weniger bekannten Künstlers aufsuchen, und zwar im Münchener Nationalmuseum, in der Kirche St. Kastulus in Moosburg, in Landshut im Stadt- und Kreismuseum, in der Kirche St. Jodok, in der Pfarrkirche St. Nikolaus sowie in der Pfarrkirche St. Johannes in Dingolfing. Die Werke Leinbergers werden von Kunstkennern jenen von Veit Stoß, Albrecht Dürer und Tilman Riemenschneider gleichgestellt. Benno Hubensteiner schreibt in seiner »Bayerischen Geschichte« über den Landshuter Meister aus der Barfüßergasse: »Alles vergangene Schaffen erscheint wie ein Vorklang, alles Nachfolgende bis hin zum Rokoko wie ein Nachhall jener Urgewalt, mit der Hans Leinberger das geschnitzte Werk seiner Hände zu strömendem Leben erweckte.«

Auch den zweiten Kirchenbau des Meisters von Burghausen, die Spitalkirche Heiliggeist in Landshut, sollte man aufsuchen. Sie bildet den Abschluß der unteren Altstadt und damit räumlich das Gegenstück zu St. Martin. Außerdem beginnt bei ihr der Weiterweg isarabwärts. Bevor man aufbricht, sollte man

**Das rechte Seitenschiff von Sankt Martin schmückt die Rosenkranzmuttergottes (um 1518) von Hans Leinberger, dessen Werke mit denen von V. Stoß gleichgestellt werden.**

**An der Südmauer der Martinskirche in Landshut ist die Büste des Hans von Burghausen angebracht, einer der Baumeister dieses berühmten Meisterwerkes aus der Zeit der Spätgotik.**

außerdem wenigstens noch die Burg Trausnitz und die nahegelegene Zisterzienserinnenabtei Seligenthal mit Kirche und Afrakapelle besuchen. Dort trifft der Wanderer auf eine frühgotische Figur. Sie stellt Ludmilla dar, die Tochter Herzog Friedrichs von Böhmen, Gräfin von Bogen und Gemahlin des bayerischen Herzogs Ludwig des Kelheimers. Doch darüber mehr im Kapitel »Residenzen am Wege«.

## Passau, Bischofsstadt am Zusammenfluß von Donau, Inn und Ilz

Bereits im 9. Jahrzehnt nach Christi Geburt besetzten die Römer das südliche Innufer vor der Einmündung des Flusses in die Donau. Im Jahr 140 nach Christus eroberte dann eine Kohorte von Batavern, germanischen Söldnern vom Niederrhein, die Halbinsel mit dem beherrschenden Hügel zwischen Inn und Donau. Aus dem ehemals keltischen Boiodurum wurde das römische Kastell Batavis (»Pazzave«) und daraus schließlich das heutige Passau.

## Der Dom St. Stephan

Er zählt mit zu den größten und auch historisch bedeutendsten Kirchen Bayerns. In ihm drücken sich die Größe und Macht des alten Fürstbistums aus. Er ist zugleich ein Manifest gotischer und barocker Baukunst. Durch all die Jahrhunderte hat das Gotteshaus an diesem herausragenden Platz Bayerns immer Wandlungen und Erneuerungen erlebt.
Um das Jahr 450 nach Christus wird eine spätantike Kirche von Batavis genannt. Ihr folgt die agilolfingische Bischofskirche um das Jahr 720. Unter dem aus dem Nibelungenlied bekannten Bischof Pilgrim ersteht im letzten Viertel des 10. Jahrhunderts eine romanische Anlage mit einem weit ausgreifenden Grundriß, der auch dem jetzigen mächtigen Dom

**Der Passauer Dom St. Stephan wurde nach dem Brand von 1662 von dem italienischen Architekten Carlo Lurano im barocken Stil wieder-aufgebaut. Vor der Westfassade steht das Denkmal König Maximilians I. Joseph von Bayern (1824).**

entspricht. Der Bau wurde 1280 bis 1325 frühgotisch umgestellt, der Ostteil von 1407 bis 1560 im spätgotischen Stil neu erbaut. Dem Stadtbrand von 1662 fiel die Kirche bis auf den spätgotischen Chor zum Opfer. Der barocke Neubau entstand von 1668 bis 1693. Die weltoffenen und reichen Passauer Domherren hatten die Baumeister aus dem italienischen Intelvital geholt: den Architekten Carlo Lurago und den Stukkateur Giovanni Battista Carlone. Letzterer schuf mit seinem Arbeitstrupp, in dem auch sein Bruder Bartolomeo und sein Schwager Paolo d'Allio mitwirkten, das gesamte üppige Stuckwerk und die prunkvollen Altaraufbauten. Sie beeinflußten damit jahrzehntelang den bayerischen und österreichischen Kirchenbau.

Die Fresken in Chor, Querhaus und Mittelschiff schuf Carpoforo Tencalla aus Bissone am Luganer See. Nach seinem Tode im Jahre 1684 setzten Matthias Rauchmiller aus Wien und Carlo Antonio Bussi aus Bissone das Werk in den Seitenschiffen fort. Die zehn Seitenaltäre malten bedeutende deutsche Künstler der damaligen Zeit. Der Entwurf zur Kanzel stammt von Johann Lucas von Hildebrandt; der moderne Hochaltar zeigt die Steinigung des Kirchenpatrons St. Stephanus. 1953 schuf ihn der Münchner Bildhauer Josef Henselmann. Hingewiesen sei noch auf die Fürstengruft, die Sakristei, den Domschatz, den Kreuzgang, den Kapitelsaal und vier Kapellen.

Seit 1929 verfügt der Dom über die größte Kirchenorgel der Welt mit fünf Orgelwerken, 17000 Pfeifen und 231 klingenden Registern. Orgelkonzerte finden von Mai bis Oktober werktags von 12 bis 12.30 Uhr statt, am Donnerstag von 19.30 bis 20 Uhr und zu den Gottesdiensten an den Sonntagen um 9.30 sowie um 11 Uhr. Anschließend an das mittägliche Orgelkonzert beginnt um 12.30 Uhr eine Kirchenführung.

Vom östlich des Doms gelegenen Residenzplatz erreicht man über die Schustergasse die ehemalige St.-Michaels-Kirche (erbaut 1665 bis 1677). Auch sie ist ein Werk der Familie Carlone. Die Uferpromenade flußaufwärts führt nach dem Innsteg (Hindenburgsteg) zum ehemaligen Augustinerchorherrenstift St. Nikola. Die frühere Stifts- und jetzige Pfarr- und Universitätskirche birgt eine romanische Krypta mit gotischen Fresken; der gotische Neubau wurde barockisiert. Der Innsteg leitet hinüber zur St.-Severins-Kirche. Diese liegt inmitten des alten Innstadtfriedhofes. Hier stand ursprünglich ein spätantikes Gotteshaus, bei dem um das Jahr 450 der

Die Orgel von St. Stephan in Passau ist die größte Kirchenorgel der Welt. Im Sommerhalbjahr finden täglich Orgelkonzerte statt.

▽ Das Mittelschiff des Passauer Doms ist mit imposanten Fresken und üppigem Stuckwerk ausgestattet.

Die kunstvoll gestaltete Kanzel wurde in Wien nach Entwürfen von Johann Lukas von Hildebrandt und Georg Raphael Donner geschaffen und 1726 aufgestellt.

hl. Severin ein Klösterlein erbaute. Die jetzige Kirche geht auf die Zeit der Spätromanik und Spätgotik zurück. In und an der Kirche trifft man auf Grabsteine aus der Zeit des 13. bis 19. Jahrhunderts. Der älteste ist ein römischer Stein aus dem 3. Jahrhundert.

Südlich des Inns erhebt sich 60 Meter über dem Fluß der Passauer Mariahilfberg. Über eine geschlossen überdachte Wallfahrtsstiege mit 321 Stufen ist die im Jahre 1627 geweihte Wallfahrtskirche Mariahilf erreichbar. Sie birgt die berühmteste Kopie dieses in ganz Altbayern weitverbreiteten Gnadenbildes der Maria mit dem Kinde. Das Original, geschaffen von Lucas Cranach, ziert den Hochaltar von St. Jakob in Innsbruck. Im Mittelschiff der Passauer Wallfahrtskirche hängt die von Kaiser Leopold I. anläßlich seiner Passauer Hochzeit im Jahre 1676 gestiftete Kaiserampel. Als die Türken 1683 Wien belagerten, hat der Kaiser in Passau Zuflucht gesucht und ist des öfteren hier heraufgepilgert. Auch viele Flößer aus dem Isarwinkel pilgerten nach einer gut verlaufenen Floßfahrt die Isar und Donau hinunter gerne zu dieser Wallfahrtskirche. Nachdem die Verteidigungsschlacht am Kahlenberg mit dem Kampfruf »Maria, hilf!« gewonnen worden war, bekam die Passauer Kopie die Bezeichnung »Staatsgnadenbild«. In Verbindung mit der Kirche sind erbeutete Türkenwaffen und eine Schatzkammer der Wallfahrt zu besichtigen.
Abschließend sei noch auf zwei Kirchen in der Ilzstadt verwiesen. Die Pfarrkirche St. Bartholomäus ist von der Ilzbrücke aus in fünf Minuten zu erreichen. Die Kirche besitzt einen romanischen Turm und ein gotisches Schiff. Auf der gegenüberliegenden Ilzseite, an den Oberhauser Burgfelsen geschmiegt, steht die frühere Probstei- und Wallfahrtskirche St. Salvator. Ihre Bauzeit fällt in die Jahre 1479 bis 1495. Anlaß für die Errichtung anstelle einer Synagoge war ein angeblicher Hostienfrevel (1477). Die interessante Anlage ruht auf einer Unterkirche. Die Rippenfigurationen der Emporenkapellen sind ganz ähnlich gestaltet wie die Wölbungsfelder des Vladislavbaues und des Ludwigstraktes auf dem Prager Hradschin.
Nachdem die Passauer Ilzstadt Ausgangspunkt für den Goldenen Steig nach Böhmen war, mag so mancher Säumer nach glücklicher Ankunft oder vor seinem Aufbruch über das Waldgebirge nach Prachatitz hier in diesen Kirchen gebetet haben.

## Kirchen im vieltürmigen Prag

Die malerisch gelegene Hauptstadt Böhmens hat viele Gesichter. Ein besonders faszinierendes prägen die aus allen Stilepochen stammenden Kirchen. Ihre Entstehungsgeschichten gewähren auch aufschlußreiche Einblicke in die Stadt- und Landesgeschichte. Künstler aus den verschiedenen Ländern Europas schufen und schmückten die Gotteshäuser unterschiedlicher Konfessionen. Im Rahmen dieses Buches können nur einige der sehenswerten Sakralbauten in Wort und Bild gezeigt werden. Bestimmend für die Auswahl waren die Lage der Kirchen zu unserem Besichtigungsweg (Wenzelsplatz – Königlicher Weg), die Beteiligung süddeutscher Künstler am Bau der Kirche und der Versuch, einen Mindestquerschnitt aufzuzeigen.

### Die oberbayerische Baumeisterfamilie Dientzenhofer

Ein Einödhof bei Bad Feilnbach am Fuße des bekannten Wendelsteins trägt den Namen Dientzenhofen. Zeitweilig war der Hausname auch »beim Maurer«. Bereits vor dem Dreißigjährigen Krieg konnte man den Namen Dientzenhofer in zahlreichen Ortschaften um den Ursprungshof antreffen.
Am 20. Oktober 1642 heiratete ein Georg Dientzenhofer in Litzldorf, das auf halbem Weg zwischen Feilnbach und Brannenburg liegt, die dort ansässige Barbara Thanner. Im Jahr 1654 zogen sie mit ihren inzwischen geborenen Kindern Georg, Anna und Wolfgang auf den uralten Gugghof oberhalb von St. Margareten in der Pfarrei Flintsbach. Dort wurden Christoph, Barbara, Leonhard und Johann geboren.
Die älteste Tochter Anna heiratete im Jahre 1678 in ein Prager Baumeistergeschlecht ein. Als Maurer kamen mit ihr auch die fünf Brüder in die Stadt an der Moldau. Alle entwickelten sich zu berühmten Barockbaumeistern. Als einziger der Brüder blieb Christoph (1655–1727) in Prag. Er und sein im Jahr 1689 geborener Sohn Kilian Ignaz gaben der Stadt ihr barockes Aussehen. Das Werkverzeichnis im Katalog zur Ausstellung »Die Dientzenhofer« (9.3. bis 26.5.91) in Rosenheim zählt 98 verschiedene Arbeiten von Christoph und Kilian Ignaz in Prag auf. Dazu zählen Kirchen, Kapellen und Klöster genauso wie Festungsbauten, Privathäuser und auch Arbeiten an der Prager Burg.

### Die St.-Nikolaus-Kirche am Altstädter Ring

Dieser Ring ist eigentlich ein Platz. In seiner Nordwestecke prangt die Hauptfassade der mächtigen Barockkirche St. Nikolaus. Kilian Ignaz Dientzenhofer schuf diesen Bau zwischen 1732 und 1737. Schon zu Anfang des 13. Jahrhunderts hatten deutsche Kaufleute an derselben Stelle eine Kirche erbaut. Ab dem vorletzten Lebensjahr des Reformators Jan Hus (1414) wurden in dieser Kirche über 200 Jahre lang

**Die Kirche der Jungfrau Maria vor dem Teyn ▷ wurde 1135 erstmals erwähnt. Nach dem Brand von 1679 erhielt das ehemals gotische Gotteshaus eine barocke Innenausstattung.**

MARTIN-TOUR
STADTRUNDFAHRTEN
CITY SIGHTSEEING

Gottesdienste nach den hussitischen Riten gefeiert. Nachdem die Katholische Liga 1620 in der Schlacht am Weißen Berg über die Protestanten gesiegt hatte, übernahm der Orden der Benediktiner die Kirche. Bevor Dientzenhofer die Kirche errichtete, hatte er von 1727 bis 1730 den Komplex der Klosterbauten vollendet. 55 Jahre später hob Kaiser Joseph II. das Kloster auf, und die Stadt Prag nutzte die Gebäude als Magazin und Archiv. In der Kirche wurden Theater und Konzerte aufgeführt. Als Gotteshaus diente sie wieder von 1871 bis 1914 der russisch-orthodoxen Gemeinde und seit 1920 der tschechoslowakischen Kirchengemeinschaft, der größten nichtkatholischen Glaubensgemeinschaft des Landes. Die Hauptfront ist reich gegliedert. Das hohe Portal und die Türme schmücken die Statuen von Anton Braun. Die Stukkaturarbeiten im Innenraum stammen von dem Italiener Bernardo Spinetti und die Fresken in der Kuppel, im Presbyterium und den Seitenkapellen von dem Oberbayern Cosmas Damian Asam. Die Gemälde in der Kuppel wurden 1914 bei Restaurierungsarbeiten leider verfälscht. Das Hauptschiff ziert ein herrlicher Lüster. Er wurde Ende des 19. Jahrhunderts in der Glashütte Harrachsdorf (Harrachhoff) in Nordböhmen hergestellt.

### Die St.-Nikolaus-Kirche auf der Kleinseite

Für die Stadt auf der Westseite der Moldau erbaute man Ende des 13. Jahrhunderts eine Pfarrkirche, die auch schon dem hl. Nikolaus geweiht wurde. Fünf Jahre nach der Schlacht am Weißen Berg schenkte Kaiser Ferdinand II. den Jesuiten die früher gotische Pfarrkirche. Dieser strenge Orden hatte sich neben der Missionsarbeit in den überseeischen Ländern die Rekatholisierung der besiegten protestantischen Länder zur Aufgabe gestellt. Für ihre Arbeit in Prag schenkte Albrecht von Wallenstein, der Herzog von Friedland und kaiserliche Generalissimus, den Jesuiten 45 000 rheinische Gulden.

Der Bau der neuen Nikolauskirche durch Christoph und Kilian Ignaz Dientzenhofer und Anselmo Lurago zog sich von 1673 bis 1766 hin. Geldmangel brachte die Arbeit immer wieder zum Erliegen. Letztendlich aber demonstrierten die Jesuiten mit der Fertigstellung dieses gewaltigen Bauwerkes ihren Sieg über die lutherische Lehre. Nach dem Veitsdom ist es der bedeutendste Sakralbau Prags, und mit seiner Errichtung erreichte der Barock in Böhmen seinen Höhepunkt.

Die weit ausladende Kuppel ist 75 Meter hoch, das Deckenfresko im Hauptschiff, das den Kirchenpatron St. Nikolaus verherrlicht, zählt mit seinen 1500 Quadratmetern Fläche zu den größten Kirchengemälden Europas. Geschaffen hat es Lukas Kracker. Das Fresko in der Kuppel, das die Hl. Dreifaltigkeit zeigt, stammt von Franz Xaver Balko, und die großen Statuen unter der Kuppel sowie auch die Nikolausstatue über dem Hauptaltar sind von Ignaz Platzer.

### Die mittelalterliche Teynkirche

Ein unverwechselbares Bild von Prag liefert der Blick über den Altstädter Ring, mit dem Denkmal von Jan Hus, oder dem Rathausturm im Vordergrund, und dahinter die gotischen Türme der Kirche der Jungfrau Maria vor dem Teyn. Im 13. Jahrhundert wurde anstelle einer romanischen, erstmals 1135 genannten Kirche ein frühgotischer Sakralbau errichtet. Mit dem Bau des heutigen Gotteshauses begann man im Jahre 1339. Das schmucke Nordportal wird der Bauhütte von Peter Parler zugeordnet. Es zeigt Szenen aus der Leidensgeschichte Christi. Die Hussitenkriege (1419–1436) unterbrachen die Bauarbeiten. Erst in der zweiten Hälfte des 15. Jahrhunderts wurden die Arbeiten mit der Fertigstellung des Westgiebels und dem Bau der gotischen Türme abgeschlossen. Mit dem Brand von 1679 und der anschließenden Neuausstattung verlor der Innenraum seinen gotischen Charakter. Ein frühbarockes Gewölbe und eine barocke Ausstattung zieren nun den Kirchenraum. Die Gemälde am Hauptaltar und an den Nebenaltären schuf Karel Škréta (1610–1674), die Bilder an den Chorwänden der Italiener Girolamo di Romano (Romanino). Besonders erwähnenswert sind das marmorne Grabmal des dänischen Astronomen Tycho Brahe (1546–1601) und eine gotische Madonna im rechten Seitenschiff.

### Der St.-Veits-Dom

Er ist das Symbol und der geistige Kern Böhmens, die bauliche Dominante Prags: Umschlossen von den Burghöfen, von Palästen und Gärten, erhebt sich inmitten des Hradschin der St.-Veits-Dom. Von der Vorromanik bis zur Neugotik reicht seine Baugeschichte. Sie beginnt um das Jahr 925. Damals ließ Herzog Wenzel I., der spätere Heilige und Schutzpatron Böhmens, eine vorromanische Rotunde erbauen. Sie wurde bereits dem hl. Veit geweiht. Dieser Rundbau, der die Kirche des Přemyslidenhofes und der Prager Bischöfe war (Bistumsgründung 973), wurde in den Jahren 1060 bis 1096 von einer dreischiffigen romanischen Basilika abgelöst. Der Bau des jetzigen, gotischen Domes begann mit der Grundsteinlegung durch König Johann und seinen Sohn Karl (den späteren Kaiser Karl IV.) im Jahre 1344. Baumeister waren der Franzose Matthias von Arras, der vom päpstlichen Hof in Avignon kam, und der Deutsche Peter Parler aus Schwäbisch Gmünd mit seinen Söhnen Johann, Paul und Wenzel. 1420 unterbrachen die Hussitenkriege die Bauarbeiten. Der fertige Ostteil wurde mit einer Mauer abgeschlossen. Um das Jahr 1500 erbaute man das königliche Oratorium, nach 1560 den Hauptturm, und erst in der Zeit zwischen 1873 und 1929 wurde die Kathedrale vollendet.

Von den zahlreichen Sehenswürdigkeiten sei hervorgehoben: die Wenzelskapelle, erbaut 1362 bis 1364 von Peter Parler über dem Grab des Heiligen. Ausgeschmückt ist sie mit Hun-

**Die Prager Nikolauskirche am Altstädter Ring wurde von 1732 bis 1737 nach Plänen von Kilian Ignaz Dientzenhofer erbaut. Die Fresken im Innenraum stammen von Cosmas Damian Asam.**

derten von Halbedelsteinen aus den böhmischen Bergen, mit gotischen Fresken und der Statue des hl. Wenzel. Von hier aus führt eine Tür in die mit sieben Schlössern versperrte Kronkammer, den Aufbewahrungsort der Krönungsinsignien der böhmischen Könige. Von hoher künstlerischer und historischer Bedeutung sind die Grabmäler der Kaiser, Könige, Fürsten und Prager Erzbischöfe. Zwei Grabplatten erinnern an die Erbauer Matthias von Arras und Peter Parler, ein silbernes Grabmal an den hl. Nepomuk, und ein Schrein birgt die Reliquien des hl. Adalbert. 21 ausdrucksstarke Porträtbüsten, geschaffen von Peter Parler, stellen berühmte Persönlichkeiten dar, die sich im 14. Jahrhundert um den Bau des gotischen Doms verdient machten. Auch die Goldene Pforte, der Festeingang an der Südseite mit dem Mosaik »Das Jüngste Gericht«, ist ein Werk Peter Parlers. Der Hauptaltar hingegen stammt aus der zweiten Hälfte des 19. Jahrhunderts und die 10,4 Meter große Rosette aus den Jahren 1927 bis 1929.

**Das Innere des St.-Veits-Doms ist nach dem Vorbild französischer Kathedralen gestaltet.**

Im 99 Meter hohen Hauptturm hängt die größte Glocke Böhmens. Sie wiegt 17000 Kilogramm. Der Turm weist Stilelemente der Gotik, der Renaissance und des Barocks auf. Die beiden neugotischen Fronttürme im Westen sind 82 Meter hoch. Die Gesamtlänge des Bauwerkes beträgt 124 Meter, die Breite 60 Meter. Bis zum Gewölbe ist es 33 Meter hoch.

## Die romanische St.-Georgs-Basilika auf dem Hradschin

Dieses Bauwerk geht im wesentlichen auf die Mitte des 12. Jahrhunderts zurück. Die vom Fürsten Vratislav I. um das Jahr 915 gegründete Basilika wurde nach einem Brand im Jahre 1142 umgebaut und mit zwei Türmen, dem West- und Ostchor sowie der Krypta erweitert. 200 Jahre später fügte die Bauhütte von Peter Parler die gotische Ludmillakapelle hinzu. Um die Wende vom 19. zum 20. Jahrhundert erfolgte eine umfangreiche Restaurierung; neuerdings werden Arbeiten für die Standsicherheit des Nordturmes durchgeführt.

In der Kirche befinden sich Grabmäler von Přemyslidenfürsten und die Gruft der Äbtissinnen des angeschlossenen St.-Georgs-Klosters. Als Leiterinnen des adeligen Damenstiftes gehörten diese meist zu den jeweils herrschenden Geschlechtern. Zur schlichten Innenausstattung zählen Reste romanischer Deckenmalerei und von Spätrenaissancemalereien, außerdem ein spätgotisches Relief und eine Silberbüste der hl. Ludmilla aus der Mitte des 14. Jahrhunderts. Die Basilika dient heute als Konzertsaal.

Zu den ältesten Gotteshäusern Prags zählen weiter: die St.-Martins-Rotunde auf dem Vyšehrad (letztes Drittel des 11. Jahrhunderts) und die Heilig-Kreuz-Rotunde (um 1100) sowie die Kirche St. Martin in der Mauer (1130). Die beiden letzteren Sakralbauten gehören zur Prager Altstadt.

## Kirche Maria Schnee

Mit dem Besuch des Wenzelsplatzes lassen sich ein paar besinnliche Minuten in der nahegelegenen Kirche Maria Schnee verbinden. Kaiser Karl IV. stiftete diese Kirche anläßlich des Todes seiner ersten Frau Blanche de Valois. 1419 predigte hier mitreißend der ehemalige Prämonstratenser Pater Jan Želivský. Er war einer der vehementesten Vertreter der hussitischen Lehre. Von hier aus zog am 30. Juli 1419 eine Massendemonstration unter seiner Führung zum Neustädter

**Eine große Rosette über der Westpforte des St.-Veits-Doms – ein Werk des frühen 20. Jahrhunderts – zeigt biblische Szenen von der Erschaffung der Welt.**

Rathaus. Sie löste dort den ersten Prager Fenstersturz und damit die Hussitenkriege aus. Das Kirchenschiff von Maria Schnee ist beachtliche 35 Meter hoch. Das gotische Tympanon (14. Jahrhundert) am Nordportal zeigt neben der Mutter Gottes auch Karl IV. und seine Gemahlin Blanche de Valois.

## Synagogen in der Josephstadt

Eine Aufzählung der bedeutenden Kirchen Prags wäre unvollständig ohne die Nennung jüdischer Gotteshäuser. Taufpaten für den nördlichen Teil der Altstadt, in dem früher ausschließlich Juden wohnten, waren die Habsburger Kaiser Joseph II. und Franz Joseph I. Nachdem letzterer Mitte des 19. Jahrhunderts das jüdische Ghetto aufgelöst hatte, bürgerte sich für diesen Stadtteil nördlich des Altstadtringes der Name Josephstadt ein. Der Abbruch des ehemaligen Ghettos um die Jahrhundertwende und die Judenverfolgung im Zweiten Weltkrieg veränderten sie grundlegend. Von der einst blühenden Judenstadt mit eigener Verwaltung, eigenen Schulen und Gotteshäusern sind nur wenige Baudenkmäler erhalten geblieben. Dazu zählen sechs Synagogen, von denen nur noch die Altneusynagoge ihrer ursprünglichen Bestimmung dient. Dieses frühgotische, schlichte Gebäude mit dem hohen Giebel ist die älteste Synagoge Europas. Entstanden ist sie in der Zeit Ottokars II. Přemysl, also um die Mitte des 13. Jahrhunderts. Der eigenartige Name könnte seinen Ursprung darin haben, daß der jetzige Bau auf Fundamenten eines älteren ruht. Erbauer waren übrigens nicht Juden, sondern Zisterzienser. Dem üblichen gotischen Kreuzrippengewölbe wurde eine fünfte Rippe hinzugefügt, um so das Zeichen des christlichen Kreuzes zu vermeiden. Den Innenraum zieren u.a. der Thoraschrein, eine Kanzel mit einem umlaufenden schmiedeeisernen Gitter und eine Fahne mit Davidstern, die die jüdische Gemeinde im Jahr 1648 von Kaiser Ferdinand III. für ihre Verdienste im Dreißigjährigen Krieg erhielt. Die anderen ehemaligen jüdischen Gotteshäuser sind jetzt Gedenkstätten und Museen. Fundamente weisen bis in das 11. Jahrhundert zurück. Die Geschichte der Synagogen in Prag ist also 1 000 Jahre alt.

# Auf den Spuren der Künstlerfamilie Asam

Kunstfreunden bietet die Wanderung von München nach Prag eine günstige Gelegenheit, dem Schaffen der oberbayerischen Künstlerfamilie Asam nachzuspüren. Aus der Gegend um Rott am Inn waren die Asams in der zweiten Hälfte des 17. Jahrhunderts über Benediktbeuern und Tegernsee nach München gekommen. Hans Georg Asam heiratete dort 1680 die Tochter des Hofmalers Nikolaus Brugger. Als dieser 1694 starb, bezog die Familie Asam die Wohnung im Haus Nummer 39 der damaligen Schwabinger- und jetzigen Theatinerstraße. Der im Jahre 1686 in Benediktbeuern geborene Sohn Cosmas Damian heiratete Maria Anna Mörl und in zweiter Ehe Ursula Ettenhofer; beiden waren Münchnerinnen. Ab 1720 war er Alleineigentümer des elterlichen Hauses. Dazu kam ein Landsitz mit Kapelle im Dorf Thalkirchen an der Isar. In dem Haus unweit des Marienplatzes starb Cosmas Damian Asam. Sein sechs Jahre jüngerer Bruder Egid Quirin schuf sich sein Zuhause südlich des Marienplatzes, in der Sendlinger Straße. Als Bauherr, Freskenmaler, Stukkateur und Bildhauer errichtete Egid Quirin sein Haus mit Privatkirche und Priesterhaus in der Nähe des Sendlinger Tores. Geweiht wurde das Gotteshaus dem böhmischen Schutzheiligen Johann Nepomuk. Egid Quirin verherrlichte ihn mit einem umfangreichen Bilderzyklus, mit Stuckfiguren und bezeichnete ihn als seinen Schutzpatron.

Außerdem haben die Gebrüder Asam an der Ausstattung folgender Kirchen in München mitgewirkt: Dreifaltigkeitskirche, Damenstiftskirche, St. Anna im Lehel und Heilig Geist. Die weiteren »Asam-Wegstationen« nach Prag sind:

Freising: Ausschmückung des Doms 1723 bis 1724, Sakramentskapelle, Deckengemälde in der Aula des Benediktinergymnasiums (Asamsaal) in der Marktstraße von Hans Georg Asam, dem Vater der Brüder.

Landshut: Hans Georg Asam schuf in der ehemaligen Klosterkirche Hl. Kreuz der Franziskanerinnen die Deckenfresken.

Osterhofen: Das Bauwerk des Johann Michael Fischer in Altenmarkt schmückten die Gebrüder Asam von 1728 bis 1741. Cosmas Damian Asam schuf die Fresken, das Hochaltarbild und drei weitere Altarbilder, Egid Quirin Asam die Stuckdekoration und den Hochaltar mit dem Tabernakel. An diesem seinem größten Werk arbeitete er zehn Jahre lang.

**In Aldersbach, in den Bauunterlagen der ehemaligen Klosterkirche der Zisterzienser, ist erstmals die Zusammenarbeit der Gebrüder Asam ausführlich dokumentiert. Von Cosmas Damian stammen die Fresken und die beiden Altarbilder, von Egid Quirin die Stuckierung und die Orgelempore.**

◁ **Osterhofen-Altenmarkt: Die ehemalige Prämonstratenserkirche des Münchner Architekten Johann Michael Fischer überrascht die Besucher mit einer farbenfrohen Innenausstattung der Brüder Asam.**

◁ **Das Langhausfresko des Aldersbacher Zisterzienserklosters von Cosmas Damian Asam zeigt die Weihnachtsvision des heiligen Bernhard.**

Aldersbach: Hier wurde 1729 erstmals die Zusammenarbeit der Brüder Asam dokumentiert. Cosmas Damian schuf die Fresken und zwei Altarbilder, Egid Quirin die Stukkaturen und die Orgelgehäuse.
Vilshofen: Egid Quirin schuf in der katholischen Pfarrkirche St. Johannes die monumentale Stuckplastik des hl. Nepomuk.
Prag: An drei verschiedenen Werken arbeiteten die Brüder Asam. Auf dem Weißen Berg wirkte in den Jahren 1727/28 Cosmas Damian in der Marienkirche. Das von Christoph Dientzenhofer erbaute Kloster Břevnov schmückten 1728 die Gebrüder Asam mit ihren Arbeiten. Und schließlich malte Cosmas Damian in der Kirche St. Nikolaus des ehemaligen Benediktinerstiftes 1735/36 die Deckenfresken. (Diese Kirche errichtete Kilian Ignaz Dientzenhofer ab 1732.)

# Ludwig der Bayer und Karl IV., Kaiser in München und Prag

Wenige Minuten nach dem Aufbruch auf dem Marienplatz durchqueren wir den Alten Hof, die erste Residenz der Wittelsbacher in München.
Man schrieb den 12. März des Jahres 1350, als hier die Bevollmächtigten des deutschen und böhmischen Königs Karl (1316–1378) nach langen Bemühungen endlich die Reichskleinodien in Empfang nehmen und nach Prag bringen konnten. Fast zweieinhalb Jahre vorher war der Wittelsbacher Kaiser Ludwig IV., genannt der Bayer (1282–1347), auf der Jagd beim Kloster Fürstenfeld westlich von München gestorben. Damit war die geschichtlich bedeutsamste Zeit Münchens zu Ende. Als kaiserliche Residenz des Heiligen Römischen Reiches Deutscher Nation bestimmte die Isarmetropole 30 Jahre lang die europäische Politik.
Begonnen hatte die große Zeit Münchens 1314. Am 20. Oktober wählten in Frankfurt vier Kurfürsten den 30jährigen Ludwig von Wittelsbach zum neuen deutschen König. Einen Tag vorher hatte die Gegenpartei, zu der auch Ludwigs Bruder Rudolf gehörte, den Habsburger Friedrich den Schönen gekürt. Die Wahl ergab sich, da Kaiser Heinrich VII. aus dem Hause Luxemburg (um 1275–1313) an vergiftetem Wein gestorben war. Balduin, der Bruder des verstorbenen Kaisers (1285–1354), Kurfürst und Erzbischof von Trier und damit eine der mächtigsten Persönlichkeiten im Reich, stimmte damals auch für den Wittelsbacher. Sein Neffe, der Kaisersohn Johann (1296–1346), heiratete 1310 Elisabeth, die Tochter des Přemyslidenkönigs Wenzel II. Als böhmischer König unterstützte er im habsburgisch-wittelsbachischen Thronstreit Ludwig den Bayer. Dem tapferen Einsatz seiner böhmischen Streitmacht in der Schlacht bei Mühldorf-Ampfing im Jahre 1322 war der Sieg Ludwigs über seinen habsburgischen Kontrahenten Friedrich den Schönen mit zu verdanken. Das seit langem versprochene Egerland wurde anschließend (und damit endgültig) als Reichspfandschaft der Krone Böhmens unterstellt.
Das gute Verhältnis zwischen den Luxemburgern und den Wittelsbachern verschlechterte sich, als Ludwig IV. seinen gleichnamigen Sohn mit der Mark Brandenburg belehnte und außerdem auch noch Heiratspläne Johanns für seinen Sohn Karl durchkreuzte. Seinen zweiten Sohn Johann hatte der böhmische König mit Margarete Maultasch, der Erbin Tirols und Kärntens, verheiratet. 1335 starb der begüterte Schwiegervater Johanns; Kaiser Ludwig übertrug das von den Luxemburgern begehrte Kärnten den Habsburgern. Als Ludwig dann noch die gescheiterte Ehe von Johann, dem jüngeren Bruder Karls, ausnutzte und an dessen Stelle seinen verwitweten Sohn Ludwig den Brandenburger mit Margarete Maultasch verheiratete, hatte er sich die Luxemburger endgültig zu Feinden gemacht.
Mit diesem rigorosen Vorgehen im Jahre 1342 verlor der Kaiser zusehends an Rückhalt im Reich.
1328 hatte sich Ludwig ohne die Zustimmung des damaligen Papstes Johannes XXII. zum Kaiser krönen lassen. So entflammte der traditionelle Streit zwischen der geistlichen und der weltlichen Macht des Abendlandes von neuem. Hinzu kamen die Verbindungen Ludwigs zu Gelehrten und Ordensleuten, die vom Papst als Ketzer und Abtrünnige angesehen wurden. 1334 verstarb Papst Johannes XXII. Auf dem päpstlichen Stuhl folgten erst Benedikt XII., dann Klemens VI. Damit waren die Streitigkeiten zwischen Kaiser und Papst aber nicht zu Ende, im Gegenteil. Klemens VI. war ein väterlicher Freund Karls. Als Zwölfjähriger hatte der Luxemburger Thronerbe am französischen Hof ehrfürchtig und staunend die Predigten des damaligen Abtes Petrus Rogerii von Fécamp, des späteren Papstes, gehört. Karl schreibt selbst in seiner Autobiographie: »...und ich zog endlich seine Aufmerksamkeit auf mich, der mich sehr liebevoll und väterlich förderte, während er mich oftmals über die Heilige Schrift belehrte.«
Nach langen Vorbereitungen und Zusagen Karls an Papst Klemens VI. und an die Kurfürsten rief das kirchliche Oberhaupt schließlich 1346 die Kurfürsten zu einer Neuwahl des Königs auf. Als seinen Kandidaten stellte der Papst Karl, den Markgrafen von Mähren, vor. Fünf der sieben Kurfürsten wählten ihn am 11. Juli 1346 zu Rhense am Rhein. Viele Städte und Gaugrafen erkannten die Wahl nicht an. Karls Position im Reich

**München. Das Reiterstandbild Kaiser Ludwig IV., genannt der Bayer, ist der Mittelpunkt des Kaiser-Ludwig-Platzes. Er liegt zwischen dem Sendlinger Tor und der allseits bekannten Theresienwiese.** ▷

**Prag, Kreuzherrenplatz. Das Denkmal Kaiser Karls IV. steht auf einem der schönsten Plätze der Stadt, östlich an der Karlsbrücke. Modelliert hat es der Dresdner Hähnle, gegossen wurde es in Nürnberg und errichtet 1848.**

war noch so schwach, daß er sich nach der Krönung am 26. November in Bonn – die Aachener hatten ihm die Krönungszeremonie verweigert – als Knappe verkleidet nach Prag durchschlagen mußte. Nachdem sein Vater im Jahr vorher verstorben war, wählten ihn am 2. September 1347 die Böhmen zu ihrem König.

Durch die Wahl Karls als Gegenkönig im Reich hatte sich die politische Lage immer mehr zugespitzt. Kriegerische Auseinandersetzungen waren nicht mehr auszuschließen. Mit einem Überfall auf Tirol wollte der Luxemburger zuerst seinen Bruder rächen. Nachdem er aus dem Etschtal vertrieben worden war, wollte er mit seiner Heerschar in Bayern einfallen. Der plötzliche Tod Ludwigs des Bayern bei Fürstenfeldbruck am 11. Oktober 1347 verhinderte jedoch diese Auseinandersetzung.

Zurück zu jenem 12. März des Jahres 1350: Auf schnellstem Weg und sicher unter stärkstem Schutz wurden auf den damals schlechten Straßen des Reiches die Reichskleinodien von München nach Prag transportiert. Sie galten als Symbol königlicher Macht. Bereits neun Tage später, am Palmsonntag, geleitete Karl IV. die Kostbarkeiten in feierlicher Prozession auf den Hradschin, und beim Reichstag am 4. April 1350 in Nürnberg wurden sie erneut feierlich zur Schau gestellt. Die Widerstände im Reich, vor allem von seiten der Wittelsbacher Partei, hatte Karl überwunden durch eine großzügige Vergabe von Privilegien und Pfändern und nicht zuletzt durch seine zweite Heirat mit der Wittelsbacherin Anna von der Pfalz im Jahre 1349. Sein Streben nach Anerkennung und Macht führte ihn zur Kaiserkrönung am 5. April 1355 nach Rom und ließ ihn damit zum mächtigsten Herrscher seiner Epoche in Europa werden.

Prag wurde damals in einem Atemzug mit Rom und Paris genannt. Karl gab der Stadt an der Moldau kaiserlichen Glanz. Er gründete dort 1348 die erste deutsche Universität, ließ den Hradschin erneuern, erbaute die Prager Neustadt, den gotischen Veitsdom und die nach ihm benannte Karlsbrücke sowie die Burg Karlstein.

Zwei Jahre vor seinem Tod erreichte er noch die Wahl seines Sohnes Wenzel (1361–1419) zum deutschen König. Durch dessen Ehen mit Johanna von Niederbayern und Sophie von Bayern-München wurden weitere Bande zwischen Böhmen und Bayern geknüpft.

# Residenzen am Wege

## München, bayerische Haupt- und Residenzstadt

Das Land Bayern hat zahlreiche Residenzstädte; doch an keinem Ort innerhalb bayerischer Grenzpfähle wurde so lange und dazu fast ohne Unterbrechung regiert wie in München. Der anhaltende Glanz, ja Pomp und die damit verbundenen Bauaktivitäten prägten und prägen München und seine oberbayerische Umgebung.

Mit Negativem nämlich, mit der ersten der unseligen Landesteilungen der Wittelsbacher, hatte es im Jahre 1255 begonnen. Fast zwei Jahre vorher war der dritte in Bayern regierende Wittelsbacher, Otto II. der Erlauchte überraschend gestorben. Seine beiden Söhne, der 17jährige Heinrich und der 24jährige Ludwig, regierten zuerst friedlich miteinander, bis sie schließlich am 28. März 1255 beschlossen, ihr Land zu teilen. Herzog Ludwig II., später wegen des aus Eifersucht und Jähzorn an seiner Frau begangenen Mordes »der Strenge« genannt, erhielt die Rheinpfalz mit Regierungssitz Heidelberg und Oberbayern mit der noch nicht einmal 100 Jahre alten Stadt München.

Damit hat das Regieren in München angefangen. Von dort aus wurde über ein Gebiet geherrscht, das von Ingolstadt an der Donau bis nach Kitzbühel am Wilden Kaiser reichte. Dazu kamen Besitzungen im Nordgau, dem Land zwischen der Donau im Süden, dem Jura im Westen und dem Königreich Böhmen im Osten.

Die Pfalz einschließlich der im Nordgau gelegenen Oberpfalz trennte Kaiser Ludwig der Bayer 1329 von Bayern. Die ursprünglich gemeinsame Kurwürde ging im Jahre 1356 auf die pfälzische Linie über. Erst die Erfolge Herzog Maximilians I. (1573–1651) im Dienste des Kaisers während des Dreißigjährigen Krieges brachten der Linie Bayern-München wieder das Recht und die Würde eines Kurfürsten ein. Außerdem fiel auch die Oberpfalz, das damalige »Ruhrgebiet des Mittelalters«, wieder an Bayern zurück.

Die das Land immer wieder zerreißenden Erbteilungen beendete Herzog Albrecht IV. (1447–1508) durch den Erlaß des Primogeniturgesetzes. Nach dem Aussterben der reichen Landshuter Herzöge zu Beginn des 16. Jahrhunderts konnte Niederbayern wieder mit Oberbayern vereinigt werden.

**München. Der Ausblick vom »Alten Peter« in Wanderrichtung isarabwärts zeigt links unten einen Teil des neuen Rathauses, rechts am Bildrand den Alten Hof mit dem gotischen Turm, dahinter das Nationaltheater mit der Neuen Residenz und dem Englischen Garten.**

Für die Haupt- und Residenzstadt schlugen schwere Stunden, als die Schweden 1632 in München einzogen. Nur durch Zahlung von 300 000 Reichstalern und Stellung von 42 Geiseln konnte die Stadt der Brandschatzung entgehen.

Narben schlugen auch die Pest- und Cholerazeiten, die österreichischen Truppen in den Erbfolgekriegen des 18. Jahrhunderts und besonders die 73 Fliegerangriffe im Zweiten Weltkrieg.

Prunk und Glanz beherrschten das frühere Stadtbild bei Kaiserbesuchen und Fürstenhochzeiten. Noch heute erinnert das Glockenspiel auf dem Rathausturm mit dem Kampf der Ritter an das große Turnier anläßlich der Hochzeit Herzog Wilhelms V. mit Renata von Lothringen im Jahre 1568. Nach Ludwig dem Bayern (Kaiser 1328–1347) und Ruprecht III. von der Pfalz (König 1400–1410) stellten die Wittelsbacher von

◁ **München: Im Alten Hof, von 1328–47 Kaiserresidenz Ludwigs des Bayern, empfingen die Bevollmächtigten des deutschen und böhmischen Königs Karl am 12. März 1350 die Reichskleinodien, die sie in wenigen Tagen nach Prag brachten.**

**München, Max-Joseph-Platz. Vor der repräsentativen Fassade des Königsbaues der Residenz, von 1826 bis 1835 durch Leo Klenze errichtet, erinnert das Denkmal an den ersten bayerischen König Max I. Joseph.**

1742 bis 1745 mit Kurfürst Karl Albrecht als Kaiser Karl VII. zum dritten Mal einen Herrscher für das Heilige Römische Reich Deutscher Nation. Doch der Kaiser konnte nicht in München regieren, da die Habsburger die Stadt und fast ganz Bayern besetzt hatten.

Die Hofhaltung des Landesherrn in der Residenzstadt bescherte den Münchnern nicht selten Einengung der bürgerlichen und städtischen Freiheiten. Das äußerliche Zeichen dieser Konfliktsituationen waren die Befestigungsanlagen, mit denen sich die Residenzen auch zur Stadt hin abschirmten. Die Verbindung Bayerns mit dem napoleonischen Frankreich brachte zwar den Wittelsbachern 1806 die Königskrone, andererseits aber auch 30 000 Bayern den Soldatentod in den Weiten Rußlands. An diese Gefallenen erinnert der Obelisk am Karolinenplatz. Der erste König Bayerns, Max I. Joseph, sitzt – trotz seines Einspruches – auf dem nach ihm benannten Platz vor dem Nationaltheater und der Residenz. Nach seinem Tode im Jahre 1825 wurde das Denkmal 1835 enthüllt. Seit dem Jahre 1385 haben die Wittelsbacher ihre neue Residenz stufenweise ausgebaut. Herzog Albrecht V. (1528–1579) fügte das Antiquarium, diesen bedeutendsten und größten Renaissanceraum nördlich der Alpen, hinzu. Weitere wichtige Abschnitte erbauten Wilhelm V. (1548–1626) (u.a. Grottenhof und Ballsaal) und Maximilian I. (u.a. die nach ihm benannte Residenz und den Residenzturm). Karl Albrecht (1697–1745) und Max III. Joseph (1727–1777) schufen das alte Residenztheater und die Grüne Galerie. Die letzte große Bauperiode fällt in die Zeit König Ludwigs I. (1786–1868). Von ihm stammen der Königsbau im Süden, das Nationaltheater, die Allerheiligen-Hofkirche, der Apothekenflügel und der Festsaalbau. Nach den Bombardierungen in letzten Weltkrieg waren von den 23 500 Quadratmetern nur noch 50 überdacht. Mit dem Abschluß des jahrelangen Wiederaufbaus seit 1945 ist die Residenz mit dem Museum, der Schatzkammer, dem Antiquarium, den beiden Theatern und dem Hofgarten für jedermann zugänglich.

Allen Bürgern offen steht auch der größte Teil des Schlosses Nymphenburg mit dem angeschlossenen Park, erbaut von Kurfürst Ferdinand Maria (1636–1679). Er hatte den hohen Mitteltrakt als Villa für seine lebensfrohe savoyische Adelheid errichten lassen. Sohn Max Emanuel (1662–1726) erweiterte Nymphenburg zur großen Schloßanlage.

Ludwig II. dagegen mied München. Er baute seine Schlösser in den Bergen und auf einer Insel inmitten des Chiemsees. Die Stadt München verdankt den Wittelsbachern nicht nur die Residenz und Nymphenburg, sondern auch die Prachtstraßen zum Siegestor und zum Maximilianeum, den Königsplatz, die Alte und die Neue Pinakothek, die Bavaria mit der Ruhmeshalle und nicht zuletzt den Englischen Garten; sogar das Hofbräuhaus und das Oktoberfest gehen auf sie zurück.

So nimmt es nicht wunder, daß zwischen diesem angestammten Herrscherhaus und den Bayern besondere Bande bestehen. Dazu zwei Begebenheiten, von denen eine vor dem Beginn, und die andere am Ende der königlich-bayerischen Zeit spielt:

Es gibt die Geschichte, wonach ein Bauer an Kurfürst Max III. Joseph das Gesuch richtete: »Ich bitt' Euer Durchlaucht möchten auch mit unserein reden. Ich hab was Notwendiges. Ich werde heut Nachmittag auf der Kaiserstiegen warten. Ich mag nit naufgehn zu den anderen großen Herrn. Seid's so gut und kommt's runter!« Und der Kurfürst kam die Kaiserstiegen herunter.

Die zweite Geschichte handelt zu Beginn der Revolution im Jahre 1918. Der letzte bayerische König, Ludwig III., glaubte nicht an einen Aufstand im seiner Meinung nach fortschrittlichen Bayern. Und so spazierte er auch noch an jenem denkwürdigen 8. November, als draußen auf der Theresienwiese Kurt Eisner die Revolution ausrief, durch den Englischen Garten. Da trat ein Arbeiter auf den König zu und warnte ihn: »Majestät, gengan's hoam und bleiben's in der Residenz, sonst passiert Ihner was!« Mit der Flucht des Königs in der folgenden Nacht ging die Ära von Bayern-Wittelsbach nach 738 Jahren zu Ende.

Der jetzige Souverän im demokratischen Bayern ist das gewählte Parlament (Landtag) im Maximilianeum. Am Beginn unserer Wanderung grüßt es von der Isarhöhe am Ende der Maximilianstraße. Wenige Minuten später, am östlichen Ende des Hofgartens, trifft der Radwanderer auf die bayerische Staatskanzlei, das neuerrichtete Bauwerk zu beiden Seiten der Kuppel des ehemaligen Armeemuseums.

## Freising als Residenzstadt

Niedrig dahinschwebende Passagierflugzeuge erinnern den Wanderer am ersten Tag an den nahen Münchner Großflughafen im Erdinger Moos. Seit seiner Eröffnung am 17. Mai 1992 wird die Schul- und Domstadt Freising verstärkt in die wirtschaftliche Dynamik des Großraums München einbezogen. Schon seit einigen Jahren ist Freising Endstation der Münchner S-Bahn, sozusagen ein »Satelliten-Ort« der Landesmetropole.

Die glanzvolle Zeit der Residenzstadt Freising begann lange vor Münchens Geburt und währte über 1000 Jahre lang. Am Anfang, im frühen 8. Jahrhundert, regierte auf dem Burgberg zu Freising der bayerische Herzog Grimoald über sein Teilherzogtum, und anschließend residierten dort die Bischöfe. Mit der Zerstörung der bischöflichen Brücke zu Föhring und ihrem Wiederaufbau »bei den Mönchen« (Munichen = München) im Jahre 1158 wurden allerdings bereits die Voraussetzungen für das unaufhörliche Wachsen Münchens und damit zugleich für den Untergang Freisings als Residenzstadt gelegt. Dies, obwohl im frühen 13. Jahrhundert das Regieren des neuernannten Fürstbischofs über sein reichsunmittelbares Territorium erst richtig begann. Als ein Stachel im bayerisch-wittelsbachischen Fleisch wird das Hochstift Freising oft bezeichnet. Zu diesem Regierungsbereich der Fürstbischöfe auf dem Domberg gehörten neben der Stadt Freising (ohne Neustift und Weihenstephan) die Grafschaft Ismaning, die Herrschaft Isen-Burgrain und die Grafschaft Werdenfels. Der Mohrenkopf in den Wappen von Ismaning und Mittenwald sowie das Kardinalswappen in Partenkirchen erinnern an die über 500 Jahre dauernde Zugehörigkeit zum Hochstift Freising. Bischof Konrad I. hatte 1249 Garmisch mit Schloß Falkenstein und Eibsee und Bischof Emicho 1294 die Herrschaften Mittenwald und Partenkirchen aufgekauft. Außer diesen vier reichsunmittelbaren Gebieten gehörten zum Hochstift zehn Hofmarken in der Umgebung Freisings und sieben umfangreiche Besitzungen in den Ländern der österreichischen Monarchie, die bereits in der Zeit vom 8. bis zum 11. Jahrhundert zu Freising gekommen waren: Gebiete in Südtirol, in Kroatien, in der Steiermark, in Niederösterreich und am oberen Piave.

Zur Ausübung seiner weltlichen Regierungstätigkeit unterstand dem Fürstbischof eine Hofkammer mit einem Kanzler als Leiter. Hofämter waren für das Bauen, die Finanzen, das Brauwesen, die Liegenschaften und die umfangreichen Waldungen zuständig. Der Hofstaat selbst setzte sich zusammen aus dem Hofmarschallstab, dem Oberstallmeisterstab, dem Oberhofmeisteramt und dem Oberjägermeisteramt. Für die Sicherheit in der Residenz sorgten eine halbe Kompanie Grenadiere und 18 Leibtrabanten. Alle trugen leuchtend bunte Uniformen, und die Leibtrabanten standen mit Hellebarden und Degen in den Vorzimmern des Fürsten. Nach der Säkularisation gingen sie allesamt in staatliche Pension. Die Bürgerwehr dagegen wurde 1803 neu eingekleidet und auf den neuen Herrscher vereidigt.

Freising zählte zu den kleineren Hochstiften im Reich. Eingeengt von den wittelsbachischen Herzogsresidenzen München

**München: Das Maximilianeum wurde 1857 unter ▷ König Max II. als Bildungsstätte für künftige Staatsdiener erbaut. Seit 1949 beherbergt es den Bayerischen Landtag.**

AETZ

**München. In den Arkaden des Hofgartens trifft der Wanderer auf 16 Fresken zur Geschichte Bayerns. Beim Kampf zwischen Bayern unter Herzog Heinrich I. (1235–1290) und Böhmen unter Přemysl Ottokar II. ging es um das Erbe der einige Jahre vorher ausgestorbenen Babenberger.**

**München, Hofgarten-Arkaden. Herzog Albrecht III. (1401–1460) wurde vor allem durch seine heimliche Ehe mit Agnes Bernauer bekannt. Durch seine Tante Sophie (1376–1425), Gemahlin von König Wenzel IV., kannte er wohl die böhmischen Verhältnisse.**

und Landshut und den von dort gegründeten und geförderten Orten Pfaffenhofen, Dachau, Erding und Dorfen, hatte es Freising nicht leicht, seine Selbständigkeit zu wahren. Es gelang nur durch geschicktes Taktieren, wobei auch der König von Böhmen und der Herzog von Österreich mit einbezogen wurden. Den Ausschlag für das Überleben gab aber letztendlich immer wieder der kaiserliche Schutz.

Mit dem Erlaß des Primogeniturgesetzes im Jahre 1506 konnte in Bayern nur mehr ein Wittelsbacher Sohn im ungeteilten Herzogtum regieren. Die nachgeborenen Söhne bekamen den Grafentitel und eine Jahresrente. Trotzdem war das Herrscherhaus bemüht, sie auf hochgeistlichen Pfründen unterzubringen, hingen doch daran zusätzliches Ansehen, weitere Macht und umfangreicher Besitz. Schon unmündige Kinder wurden deshalb als Fürstbischöfe auf den Thron gehoben. Von den 25 Wittelsbachern, die als geistliche Reichsfürsten residierten, saßen sieben auf dem Bischofsstuhl Korbinians. Nicht von ungefähr wird deshalb von einem Sekundogeniturgesetz gesprochen.

Auch wenn die Insignien eines Fürstbischofs Schwert, Fürstenhut und Fürstenmantel waren – die Stärke der Herrscher auf dem Domberg am Isarknie lag den Umständen nach nicht im weltlich-kriegerischen, sondern vielmehr im geistlichen Bereich. Dies zeigen die Werke der Persönlichkeiten auf dem Stuhl des hl. Korbinian.

Zu den großen Bischöfen zählen:

Arbeo (764–783), der bereits die Domschule und eine Schreibstube förderte und selbst schriftstellerisch tätig war. So verfaßte er u.a. eine Biographie des hl. Korbinian.

Bischof Otto I. (1138–1158) war der Onkel Kaiser Friedrich Barbarossas und ein Halbbruder König Konrads III. Er wird zu den wichtigsten Geschichtsschreibern des Mittelalters gezählt. Als strenger Zisterziensermönch und führender Theologe förderte er die Reformbewegungen seiner Zeit.

Unter den Reformbischöfen des späten Mittelalters wird Sixtus von Tannberg (1474–1495) genannt. Mittelpunkt seines Wirkens war die Förderung echter Frömmigkeit und menschlicher Fürsorge. So kümmerte er sich etwa um eine Hebamme für die Freisinger Bürgerinnen.

Veit Adam (1618–1651) führte in den stürmischen Zeiten des Dreißigjährigen Krieges das Bistum und Hochstift, wenn es sein mußte auch mit starker Hand. Durch Baumaßnahmen im Dom verband er wieder stärker Volk, Altar und Kanzel.

Johannes Franz von Eckher (1695–1727) stammte aus dem niederem Landadel. Durch die Arbeit der Gebrüder Asam zum 1000jährigen Korbiniansjubiläum im Jahre 1724 schenkte er dem romanischen Dom barocken Glanz. Als volksnaher Bischof war er viel im Land unterwegs, förderte das Schulwesen und linderte durch den Aufbau karitativer Einrichtungen die Not im Spanischen Erbfolgekrieg.

Mit dem Wachsen der nahen bayerischen Metropole München, insbesondere durch ihre zunehmende Bedeutung als Kunst- und Gelehrtenstadt, geriet Freising, die geistliche und geistige Metropole Altbayerns, immer mehr ins Abseits. Den Todesstoß als Residenzstadt versetzte ihr dann die Säkularisation. Am 23. August 1802 marschierten 56 Grenadiere des kurfürstlich-bayerischen Leibregiments unter Leutnant Röckl in Freising ein und nahmen damit Stadt und Bistum Freising in bayerischen Besitz. Das kurfürstliche Besitzergreifungspatent wurde am 27. November durch Johann Adam von Aretin nachgereicht. Die Stadt Freising mit dem Domberg als Residenz hatte ihre politische Bedeutung verloren. Mit der Erhebung zum Erzbistum München und Freising im Jahre 1817 wurde nicht Freising, sondern München Metropolitansitz. Die über 1000 Jahre währende Geschichte Freisings als Residenzstadt war damit zu Ende. Viele Seiten des Domberges künden noch heute von dieser langen und stolzen Vergangenheit.

**Freising vor der Säkularisation. Links im Bild erhebt sich der Domberg, vom 13. Jahrhundert bis 1803 Regierungssitz des Fürstbischofes. Neustift (im Vordergrund) und Weihenstephan (im Hintergrund) entzogen sich dem Machtbereich des Freisinger Bischofs.**

## Landshut, die Residenz der reichen Herzöge

Nach Einmündung des mittleren Isarkanals in die Isar und einigen Windungen des erstarkten Flusses taucht in der Ferne stolz über dem Tal thronend die Burg Trausnitz auf. In Landshut, der Hauptstadt Niederbayerns, erreicht der Wanderer auf dem Wege nach Prag die dritte Residenzstadt.

Gegründet wurde Stadt und Burg als »Wer schutz und huet des lands« im Jahre 1204 unter Herzog Ludwig dem Kelheimer (1174–1231). Nach dem Tode seines Vaters Otto, des ersten in Bayern regierenden Wittelsbachers, hatte er im Jahre 1183 die Regierung in Bayern übernommen. Den Beinamen bekam er, weil er in Kelheim am 15. September auf dem »Brücklein der Alten Donau« ermordet wurde. Seine Frau Ludmilla, Gräfin von Bogen und böhmische Königstochter, wurde so zum zweiten Mal in ihrem Leben Witwe. Daraufhin stiftete sie vor den Toren der neugegründeten Stadt das Zisterzienserkloster Seligenthal. Als eine ruhige Insel inmitten der verkehrsreichen Stadt laden der Klosterhof, die Abteikirche und die uralte Afrakapelle zu einem Besuch ein. Von Künstlerhand um das Jahr 1300 geschnitzt, steht dort mit Rautenschild und Zepter das Stifterehepaar und kündet von den frühen Jahren Landshuts und Bayerns.

Der Sohn Ludwigs und Ludmillas, Otto II. der Erlauchte (1206–1253), erhob Landshut zur einzigen Hauptstadt des damals noch ungeteilten Bayerns. Seine achtjährige Tochter Elisabeth konnte der Wittelsbacher Herzog mit dem sieben Jahre alten staufischen Kaisersohn Konrad verheiraten. Ihre 13 Jahre ältere Schwester wurde Nonne im Kloster Seligenthal. Die beiden Söhne Ottos II., Ludwig (1229–1294) und Heinrich (1235–1290), teilten eineinhalb Jahre nach dem Tode des Vaters (1253) ihr Land. Ludwig zog nach München, und Heinrich regierte auf der Burg zu Landshut über das neugebildete Niederbayern. Es umschloß u.a. die Markgrafschaft Cham, die ehemalige Grafschaft Bogen, Burghausen am Inn und das östliche Innviertel. Bevor Ludwig und Heinrich politisch verschiedene Wege gingen, verteidigten sie 1257 noch gemeinsam die niederbayerischen Innstädte Neuburg, Schärding und Mühldorf gegen Ottokar von Böhmen. Eine Kampfszene aus dieser Schlacht ist zu Beginn der Wanderung unter den Arkaden im Münchner Hofgarten zu sehen. Nach mehrmaligen Gebietsveränderungen begründete Friedrich (1339–1393), ein Enkel Kaiser Ludwigs des Bayern, im Jahre 1375 eine neue Linie der niederbayerischen Herzöge. Aus Burgund holte er Weinreben nach Landshut und verwandelte die Hänge an der Burg in einen großen Weingarten.

Sein Sohn Heinrich XVI. (1386–1450) war erst sieben Jahre alt, als sein Vater in Budweis starb, wo er zwischen den Herrschern in Prag und Wien vermittelt hatte.

Nach der Regentschaft seiner Mutter regierte Heinrich, streng gegen sich und andere, 46 Jahre lang. Er war der erste der drei reichen Landshuter Herzöge. Aus dem Erbe der Wittelsbacher Linie Straubing-Holland fielen ihm u.a. Vilshofen und Landau an der Isar zu, und das Territorium von Bayern-Ingolstadt konnte er ganz übernehmen. Den Reichtum brachten die Bergwerke im tirolischen Inntal.

Nach dem Tode Heinrichs Mitte des 15. Jahrhunderts konnte sein Sohn Ludwig (1417–1479) ein wohlhabendes und

Der erste Blick vom Wanderweg an der Isar auf die Burg Trausnitz. Unterhalb der Einmündung des Kanals »Mittlere Isar« ist endlich wieder alles Isarwasser vereint.

Blick in den Hof von Burg Trausnitz (oberhalb der Stadt Landshut). 1204 erbaut, ist sie die älteste der noch gut erhaltenen Wittelsbacher Burgen.

Burg Trausnitz mit Blick auf ▷ Landshut. Hier richtete Herzog Ludwig die Hochzeit seines Sohnes Georg (1455–1503) mit Hedwig, der Tochter des polnischen und Schwester des böhmischen Königs aus.

**Ein Wandteppich in der Burg Trausnitz zeigt die Belehnung Ottos I. (1117–1183) mit Bayern durch Kaiser Barbarossa.**

geordnetes Herzogtum Niederbayern übernehmen. Auch er betrieb eine gute Finanzwirtschaft, kontrollierte die Verwaltung und sorgte sich um die Landwirtschaft und den Bergbau. Alle zwei Jahre lud er zu Landtagen ein. Ludwig verstand sich mit seinem Vetter, dem Kurfürsten Friedrich I. dem Siegreichen von der Pfalz. Zusammen überwanden sie im Jahre 1462 ihre Gegner unter dem Reichsbanner, den Grafen von Württemberg und den Markgrafen von Baden. Zehn Jahre später gründete Ludwig in der ehemaligen Residenzstadt Ingolstadt an der Donau eine Universität, die Vorgängerin der Hochschulen in Landshut und München. Seinen Kanzler Dr. Meier ließ er bei der Universitätseröffnung verkünden, daß die Gründung auch für jene bestimmt sei, die »von Niedergeburt herkommen«. Kurfürst Friedrichs Neffe Philipp von der Pfalz heiratete 1474 in Amberg, der oberpfälzischen Residenz, Margarete, die Tochter Ludwigs des Reichen von Landshut. Ein Jahr darauf richtete Herzog Ludwig an der Isar die Hochzeit seines Sohnes Georg (1455–1503) mit Hedwig, der Tochter des polnischen und Schwester des böhmischen Königs, aus. Mit dem Spiel von 1100 Trompetern und Pfeifern wurde die Braut begrüßt, als sie in ihrem von acht Schimmeln gezogenen Prunkwagen in die Stadt einzog. Versammelt war damals alles, was Rang und Namen im christlichen Abendland hatte, an der Spitze Friedrich III., Kaiser des Heiligen Römischen Reiches, mit seinem Sohn Maximilian. Sogar der türkische Sultan hatte eine Abordnung entsandt. Eine Woche lang war für jedermann Essen und Trinken frei. In unsere Währung umgerechnet, sollen die Feierlichkeiten damals etwa 32 Millionen Mark gekostet haben. 408 Jahre später, also im Jahre 1883, schufen vier Münchner Maler im Prunksaal des Landshuter Rathauses das historische Umlaufgemälde »Hochzeitszug von 1475«. König Ludwig II. unterstützte dieses Werk finanziell. Die Darstellung war Anregung und Vorlage für den ersten Festzug durch Landshut im Jahre 1903. Daraus entwickelte sich eines der größten mittelalterlichen Festspiele, das die Landshuter in originalgetreuen Kostümen alle vier Jahre in ihrer gotischen Stadt aufführen.

Die Ehejahre der historischen Braut verliefen keineswegs glücklich. Wie eine Witwe mußte die junge Herzogin auf der Burg Burghausen ihre Jahre verbringen. Eltern und Geschwister sah sie nie wieder, und ein männlicher Erbe blieb ihr versagt. Das ursprünglich gute Verhältnis Herzog Georgs zum Münchner Herzog Albrecht IV. (1447–1508) kühlte sich ab, als dieser die Tochter des Kaisers heiratete und sie einen männlichen Erben bekamen. Außerdem verlagerten sich die politischen Interessen der beiden Herzöge. Mit dem Tode Georgs im Jahre 1503 und dem anschließenden Erbfolgekrieg war die Zeit Landshuts als selbständige Herzogsresidenz vorbei. Den größten Teil Niederbayerns erbte die Münchner Linie.

Einige Male noch fiel der Abglanz vergangener Fürstenherrlichkeit auf die Stadt mit den drei Hüten (Helmen) im Wappen. Von 1516 bis 1545 waltete Herzog Ludwig X. als Statthalter seines älteren Münchner Bruders Wilhelm IV. in Landshut. Da er noch vor dem Erlaß des Primogeniturgesetzes geboren wurde, wollte er auf das Mitregieren nicht verzichten. Im Stil der italienischen Renaissance erbaute er sich unten in der Altstadt eine neue Residenz. In den folgenden Jahrzehnten verbrachten die Münchner Thronfolger ihre Prinzenzeit in der Stadt an der unteren Isar. Hoch her ging es noch einmal ab 1568. Nachdem das in München getraute Paar Wilhelm V. und Renata von Lothringen mit dem Schiff auf der Isar angekommen war, hielt es bis zum Regierungsantritt im Jahre 1579 in Landshut hof. Dann aber wurde es ruhiger hinter den Stadt- und Burgmauern. Die Burg Trausnitz wurde zeitweilig zur Kaserne, zur Internierungsstätte adeliger Gefangener, zu einer Textilmanufaktur und zu einer Rentamtregistratur.

Zu vermerken ist noch: Ludwig II. ließ sich ein königliches Absteigequartier in der Wittelsbacher Stammburg einrichten, welches allerdings nie benützt wurde. Diese königlichen Räume im Fürstenbau zusammen mit dem Georgsrittersaal und dem italienischen Anbau samt wertvollem Inventar wurden im Herbst 1961 durch ein Großfeuer schwer beschädigt und zum Teil vernichtet. Längst ist das Abgebrannte wieder aufgebaut und das vernichtete Mobiliar stilgemäß ergänzt. Aus dem Namen »Huet des lands« war im 16. Jahrhundert der Name Trausnitz geworden. Das Volk leitete die

**Passau: Die fürstbischöfliche Schutz- und Trutzburg der Feste Ober- und Niederhaus wurde ab 1219 errichtet, nachdem der Passauer Bischof 1217 zum Reichsfürsten erhoben wurde. Das Oberhaus ist frei zugänglich.**

Bezeichnung von »Trau sie nit!« ab. Mit dem »sie« meint es die durch die Herzöge gefährdeten Bürgerstöchter. Dies und gar vieles mehr zählt zur längst vergangenen Geschichte. Heute bevölkern Besucher aus nah und fern die Museumsräume in der Stadtresidenz und in der ältesten der noch erhaltenen Wittelsbacher Burgen. Sie genießen vom Söller aus den Blick auf Stadt und Fluß, so wie ihn einst die reichen Herzöge genossen haben.

## Passau, fürstbischöfliche Residenz

Der hervorragenden Lage Passaus entspricht auch ihre reiche Geschichte. Sie beginnt bereits im Dunst und Zwielicht historischer Ferne. Auf dem hochwasserfreien Hügel im Mündungsbereich zwischen den breiten und von weit her kommenden Flüssen Inn und Donau siedelten in vorchristlicher Zeit die Kelten. War dieses Boiodurum eine Festung des Boio oder das Tor zu den Boiern? Fest steht: Bis gegen Ende des 7. Jahrhunderts war das donauabwärts an der Ennsmündung gelegene Lauriacum (Lorch) die erste Hauptstadt von Bayern und der Sitz des Metropoliten von Ufernorikum. Fast 500 Jahre lang gehörten die beiden befestigten Orte Lauriacum und Batavis (Passau) zum Römischen Imperium. Beim Vordringen der Hunnen aus dem Südosten suchten die Herrschenden von Lauriacum Zuflucht in Batavis. Als die Germanen aus dem Norden eindrangen, war es umgekehrt. Bei den Christen im damaligen Batavis weilte zwischen 440 und 460 der aus Rätien (Südtirol) stammende Wanderbischof Valentin. Ihn löste der für seine Mildtätigkeit bekannte hl. Severin (gestorben 482) ab. Nach dem Abzug der Römer im Jahre 488 fiel der befestigte Ort zwischen Inn und Donau an die Bayern. Vermutlich residierte hier um das Jahr 700 ein Zweig der Agilolfinger. Herzog Tassilo III.,der von 748 bis 788 regierte, entstammte diesem Passauer Geschlecht. Richtungsweisend wurde das Jahr 739, als der hl. Bonifatius auch Passau zum Sitz eines neu abgegrenzten Bistums bestimmte und Vivilo als einziger bereits residierender bayerischer Bischof von Papst Gregor II. erneut in seinem Amt bestätigt wurde. Durch Schenkungen und die Förderung der fränkischen Kaiser gewann der Passauer Bischof bis zur Jahrtausendwende Besitz und Ansehen. Wie heute angenommen wird, entstand die Heldensage über die Nibelungen am Bischofshof in Passau, die lateinische Urfassung unter Bischof Pilgrim (971–991) und die mittel-

hochdeutsche Form unter Bischof Wolfger (1191–1204). Letzterem verdankt das Passauer Stadtwappen den roten Wolf. Eine große Persönlichkeit war sicher der tatkräftige Bischof Pilgrim, der nach dem Nibelungenlied seiner Nichte Kriemhilde bis Bledelingen (Plattling) entgegenzog. Zusammen mit dem späteren Regensburger Bischof Wolfgang missionierte er in Ungarn und legte so das Fundament für die spätere Christianisierung des Landes unter König Stephan. Der Passauer Dom wurde die Mutterkirche des gesamten Donauraumes, und der Wiener Stephansdom war in dieser Frühzeit lediglich eine Filialkirche von St. Stephan in Passau.

Bereits im Jahre 999 wurde dem Passauer Bischof von Kaiser Otto III. die volle politische Herrschaft über die Stadt übertragen. Vorher hatten die Grafen des Rottachgaues auch hier geherrscht. Im 12. Jahrhundert kam die Grundherrschaft des reichsunmittelbaren Nonnenklosters Niedernburg unter die Regentschaft des Bischofs. Dies war insofern von großer wirtschaftlicher Bedeutung, als mitten durch dieses Gebiet der gewinnträchtige Goldene Steig verlief. Den Abschluß dieser Entwicklung vollzog im Jahre 1217 Kaiser Friedrich II. mit der Verleihung der Würde und Macht eines Reichsfürsten an Bischof Ulrich (1215–1221). Damit war Passau hochfürstliche Haupt- und Residenzstadt und der jeweilige Würdenträger Fürstbischof. Das Hoheitsgebiet des Hochstiftes umfaßte den Ilzgau, der vor allem aus den Besitzungen des ehemaligen Reichsklosters Niedernburg im Nordwald zwischen der Ilz und der Rodel bestand. Dazu kamen einige kleinere Grafschaften. Dieses offiziell als »Land der Abtei« bezeichnete weltliche Fürstentum unter der Herrschaft des Bischofs war etwa 1000 Quadratkilometer groß, es bestand bis zur Säkularisation, also 600 Jahre lang, und in ihm lebten zuletzt 56000 Menschen. Das geistliche Einflußgebiet des Bistums hingegen, das von Passau aus betreut wurde, war bis in das 18. Jahrhundert hinein noch wesentlich größer. Zu ihm gehörten außerdem alle österreichischen Donaulande und ein Teil des Erzbistums Salzburg.

Im Gegensatz zu Freising war Passau immer eine bedeutende Handelsstadt, hatte dadurch auch eine selbstbewußtere Bürgerschaft und eine entsprechende Stadtvertretung, die nicht selten mit dem Bischof in Konflikt geriet. Ihr Ziel, reichsfrei zu werden wie das benachbarte Regensburg, konnten sie trotz erbitterten und auch blutigen Ringens mit den Fürstbischöfen nicht erreichen. Was sie sich im Laufe der Zeit ertrotzen konnten, waren Verbesserungen in der Selbstverwaltung. Dies führte zum Erlaß eines Stadtrechtes im Jahre 1225 durch Fürstbischof Gebhard und zu einer wesentlichen Erweiterung desselben durch Fürstbischof Bernhard von Pramberg im Jahre 1299. In der Zeit zwischen 1220 und 1250 waren die Passauer Bischöfe in Kämpfe gegen die Grafen von Ortenburg, gegen die Herzöge von Bayern, gegen Viechtenstein und gegen Friedrich von Österreich verstrickt. In dieser Zeit gab es auch harte Auseinandersetzungen mit dem Domkapitel. Es kam sogar zum Erlaß eines Interdiktes und zur Aufstellung von Gegenbischöfen. Durch geschickte Förderung der kleineren Handelsorte in seinem Hochstift, wie z. B. Untergriesbach und Obernzell, verstand es der Fürstbischof, notfalls auch von dort Hilfe gegen die aufsässigen Passauer zu erhalten. So hielten die beiden genannten Märkte noch zu ihrem Landesherrn, als 1367 aufrührerische Passauer Bürger dort die Häuser niederbrannten.

Der Wittelsbacher Ernst (1500–1560), ein Sohn Herzog Albrechts IV. des Weisen, war der einzige unter den 25 geistlichen Reichsfürsten des bayerischen Herrscherhauses, der Fürstbischof in Passau wurde.

Wie andere seiner Verwandten blieb auch er ohne kirchliche Weihen. Außerdem führte er ein ausschweifendes Leben. Für die Beweggründe der Reformation zeigte er Verständnis. In Passau regierte er von 1516 bis 1540.

Die glanzvollste Zeit Passaus fällt in die zweite Hälfte des 16. Jahrhunderts. Im Jahre 1552 schlossen in der Dreiflüssestadt Kaiser Karl V. und der Kurfürst von Sachsen den Passauer Vertrag, der zur Grundlage des Augsburger Religionsfriedens wurde. Fürstbischof Urban von Trennbach, der von 1561 bis 1598 regierte, war ein baufreudiger und an Wissenschaften und Künsten interessierter Renaissanceherrscher.

Wenn auch der Dreißigjährige Krieg die Residenzstadt nicht direkt berührte, so gingen doch die Einnahmen durch den Handel stark zurück. Dies trifft auch für die Zeit der Bedrohung Wiens durch die Türken Anfang des 16. Jahrhunderts und für das Jahr 1683 zu. Damals war Kaiser Leopold I. nach Passau geflohen, um von hier aus die Rettung seiner Wiener Residenz zu organisieren. Die schrecklichen Stadtbrände von 1662 und 1680 sowie die Erbfolgekriege im 18. Jahrhundert schlugen der Stadt tiefe Wunden.

Dem fürstbischöflichen Glanz und Reichtum machte 1803 die Säkularisation ein Ende. Kein Ersatz für die fürstliche Residenz war die Vergabe des Regierungssitzes für den unteren Donaukreis im Jahre 1808. Als dann König Ludwig I. im Jahre 1839 anläßlich der Neugliederung des Königreiches Bayern den Regierungssitz von Niederbayern nach Landshut verlegte, war die Zeit Passaus als weltliche Residenzstadt endgültig vorbei. Verblieben ist der Stadt der im Jahr 1827 wieder eingerichtete Bischofssitz für das verkleinerte Bistum. Außerdem sind künstlerisch und kunsthistorisch wertvolle Bauten erhalten geblieben, die das Stadtbild prägen.

**◁ Straconice am Zusammenfluß von Otava und Volyňka. Die ehemalige Wasserburg wurde in der zweiten Hälfte des 12. Jahrhunderts von den Herren von Bavor gegründet und war einst Sitz des Großpriors der Johanniter (Malteserritter).**

Unter vielen anderen zählt dazu vor allem die alte Residenz, die auf dem geschichtsträchtigen Boden der frühen bayerischen Herzogsburg steht. Die jetzigen Baulichkeiten entstanden vom 15. bis zum 17. Jahrhundert. In ihnen ist heute das Landgericht untergebracht. So dient die von Balthasar Vecchio erbaute Hofkapelle als Sitzungszimmer. In ihr wurde am 14. Dezember 1676 der Habsburger Kaiser Leopold I. mit der Wittelsbacher Prinzessin Eleonore von Pfalz-Neuburg getraut. Der Residenzplatz wird beherrscht von der aus dem frühen 18. Jahrhundert stammenden neuen Residenz. Das prächtige Treppenhaus und die Prunksäle sind für jedermann zugänglich. Dies trifft auch für die fürstbischöfliche Schutz- und Trutzburg der Feste Oberhaus zu.

Von den städtischen Siedlungen durch die Wasser der Donau und Ilz abgetrennt, steht sie beherrschend auf dem steilen, bewaldeten Georgsberg. Begonnen wurden diese Bauten 1219, erweitert hat man sie im 15. und 16. Jahrhundert, und noch Napoleon verstärkte 1809 die Anlagen. Seit 1367 verbindet ein Wehrgang die Feste Oberhaus mit der Burg Niederhaus. Letztere ist in Privatbesitz und nicht zugänglich.

Wie die Kaiserin Sissi im April 1854 besteigen auch wir am Passauer Rathausplatz das Schiff, um die Donau hinunterzufahren. Ziel der Kaiserin war ihre Residenzstadt Wien. Das unsrige ist das nahe Obernzell, der Ausgangspunkt des Unteren Weges über Prachatitz und Písek nach Prag.

## Goldenes Prag, tausendjährige Residenz Böhmens

Cosmas, Dechant von St. Veit zu Prag, berichtete zu Beginn des 12. Jahrhunderts, Přemysl, der Ahnherr der Přemysliden, habe zum Andenken an seine dörfliche Abstammung seine Bastschuhe und eine bäuerliche Tasche mitgenommen, als er von der Richterin Libuše (Libussa) zum Herrschergemahl auserwählt wurde. Noch zu Lebzeiten Cosmas', dieses ersten böhmischen Geschichtsschreibers, seien diese Erinnerungsstücke Přemysls in der fürstlichen Schatzkammer auf dem Vyšehrad aufbewahrt worden. Friedrich (Bedřich) Smetana (1824–1884), der auf dem Vyšehrad begraben liegt, behandelte diesen Stoff aus der tschechischen Mythologie in der Oper »Libuše«. Dem Wanderer, der sich mit dem Schiff auf der Moldau dem historischen Kern von Prag nähert, fällt auf dem rechten Flußufer eine gotische zweitürmige Kirche auf. Es ist St. Peter und Paul auf dem Vyšehrad. Der felsige, befestigte und sagenumwobene Hügel zwingt die Moldau zu einem leichten Knick in Richtung Hradschin.

Diese Schloßanlage beherrscht etwa drei Kilometer flußabwärts auf dem gegenüberliegenden Moldauufer das Prager Stadtbild. Hier bauten die Přemysliden im späten 9. Jahrhundert eine weitläufige Burganlage mit einer Marienkirche. Von dieser ersten Residenz aus übernahmen sie die Führungsrolle unter den böhmischen Herrschergeschlechtern. Historisch faßbar ist Herzog Bořivoj. Seine Regierungszeit dauerte von 850 bis 895. Er ließ sich um das Jahr 870 vom Slawenapostel Methodius taufen. Seine Frau, die hl. Ludmila, wurde 921 auf Veranlassung ihrer Schwiegertochter Drahormira ermordet. Ihr Sohn, der hl. Wenzel, der ab 924 auf der Prager Burg regierte, starb ebenfalls eines gewaltsamen Todes. Sein Bruder Boleslav I., böhmischer Herzog um die Mitte des 10. Jahrhunderts, ermordete ihn im Jahre 929 oder 935. Als Grund für diese Tat werden christlich-heidnische Gegensätze und auch der bayerisch-sächsische Machtkampf um Einflußsphären in Böhmen genannt. Das Herzogtum, welches Boleslav I. regierte, reichte bis Krakau und schloß große Teile von Schlesien mit ein. Nach der Unterwerfung des Přemyslidenherzogs durch Kaiser Otto den Großen im Jahre 950 leistete Boleslav den Lehenseid. Damit war Böhmen bis zum Jahre 1806 ein mehr oder weniger eigenständiges Glied des Heiligen Römischen Reiches Deutscher Nation geworden. Was Herzog Wenzel nicht vollenden konnte, gelang seinem Neffen Boleslav II.: Im Jahre 973 wurde Prag Sitz eines Bistums. Räumlich eng miteinander verbunden, residierte von nun an neben der weltlichen Macht auch die Kirche auf dem Hradschin. Erster Bischof war Thietmar, ein Benediktiner aus Sachsen. Sein Nachfolger wurde Vojtěch, ein Fürstensohn aus dem Geschlecht der Slavniken.

Als er bei der Missionierung der Prussen am Frischen Haff im Jahre 997 den Märtyrertod starb, erlosch diese um die böhmische Herrschaft konkurrierende Dynastie. Unter dem Namen Adalbert von Prag wurde auch Vojtěch später heiliggesprochen. Zusammen mit der hl. Ludmila, der seligen Agnes und dem hl. Prokop zählt er zu den vier böhmischen Landesheiligen. Sie flankieren das Reiterstandbild des hl. Wenzel auf dem gleichnamigen Platz. Der přemyslidische Bischofssitz von Prag wurde an die Erzdiözese Mainz und damit eng an die Reichskirche angeschlossen. Nach langen Bemühungen gelang es dem böhmischen Herrscherhaus, daß Prag im Jahre 1344 zum Erzbistum erhoben wurde. Auch die Residenz der Bischöfe auf dem Hradschin kann somit auf eine mehr als 1000jährige Tradition zurückblicken.

Als Dank für die Mithilfe bei der Niederwerfung des Sachsenaufstandes von 1075 krönte Kaiser Heinrich IV. den Přemyslidenherzog Vratislav II. (1061–1092) zum böhmischen König. Ein Erbkönigreich wurde Böhmen 1212 unter Přemysl Ottokar I., dem böhmischen Städtegründer (1197–1230). Seinem Enkel Přemysl Ottokar II. gelang die größte Herrschaftserweiterung. Er vereinnahmte die Ostmark, die Steiermark, Teile der Slowakei, das Egerland, Krain und Kärnten. Aufgrund seiner Unterstützung des Deutschen Ordens wurde im Jahre 1255 die neugegründete Stadt an der Ostsee ihm zu Ehren Königsberg genannt. Mit der Ermordung seines 17jährigen

**Prag, Hradschin: Er diente seit dem späten 9. Jahrhundert als Residenz der Přemislyden-Fürsten, der böhmischen Herzöge und Könige, der Kaiser und Präsidenten. Im Bild das Eintritts- und das sogenannte Matthiastor (1614).**

Enkels Wenzel III. starb das Geschlecht der Přemysliden in der männlichen Linie aus. Elisabeth, eine Schwester Wenzels III., heiratete 1310 Johann von Luxemburg, den Sohn des deutschen Königs und nachmaligen Kaisers Heinrich VII. Johann regierte als böhmischer König auf dem Hradschin ab 1311, bis er im Jahre 1346 an der Seite seines Sohnes Karl in der Schlacht bei Crécy-en-Ponthieu im Kampf gegen die Engländer fiel. Die Regierungszeit Karls IV. (1346–1378) als deutscher und böhmischer König sowie als Kaiser des Reiches wurde die glanzvollste und bedeutendste Zeit der Residenzstadt Prag. 1365 konnte Karl auch noch die Krone des Königreiches Burgund hinzugewinnen. Seine Hausmacht umfaßte außer Böhmen das gesamte Schlesien, die Niederlausitz und Brandenburg sowie zeitweilig das sogenannte Neuböhmen in der Oberpfalz. Durch seine eigenen vier Ehen und die seiner sieben Kinder erweiterte er außerdem seinen Machtbereich. Das von ihm erlassene Grundgesetz für das Reich hatte bis

1806 Geltung. Seine Baumaßnahmen bestimmen auch heute noch das Stadtbild des historischen Prag. Den romanischen Palast auf dem Hradschin aus dem 12. Jahrhundert erneuerte Karl im gotischen Stil. (Zu Karl IV. siehe auch das Kapitel »Ludwig der Bayer und Karl IV., Kaiser in München und Prag«.) Wenzel IV. verlegte im Jahre 1382 seine Residenz vom Hradschin in den Königshof der Prager Altstadt.

Kein Glück hatte Karl mit seinem ältesten Sohn und Nachfolger Wenzel. Wohl konnte er ihm noch zu seinen Lebzeiten, im Jahre 1376, als der Sohn 15 Jahre alt war, zum deutschen König krönen lassen; jedoch war Wenzel eine zu schwache Persönlichkeit, um die Schwierigkeiten seiner Zeit meistern zu können. Von den vier rheinischen Kurfürsten wurde er im Jahre 1400 als König des Heiligen Römischen Reiches abgesetzt. Böhmischer König blieb er bis zu seinem Tode 1419. Anschließend erschütterten die Hussitenkriege (1419–1435) Böhmen und die umliegenden Länder. Sigismund, der jüngere Bruder Wenzels, wurde von den Hussiten aus dem Land vertrieben, und die hussitisch eingestellte Prager Bevölkerung besetzte von 1421 bis 1434 die Prager Burg. Erst 1484, als Vladislav Jagiello vom Königshof in der Altstadt wieder auf den Hradschin übersiedelte, wurde sie faktisch wieder zur Residenz. Durch die Kriegsjahre und durch das jahrzehntelange Leerstehen war die Burg sehr verwahrlost. Vladislav ließ die Befestigungen erneuern und erweitern. Sein Hofbaumeister Benedikt Ried erneuerte auch den königlichen Palast. Er schuf im spätgotischen Stil und mit gewagter Konstruktion den beeindruckenden Vladislavsaal. Von ihm stammen auch die Reitertreppe und der Ludwigsflügel.

Ausschlaggebend für das Schicksal Böhmens in den folgenden Jahrhunderten waren die Bestimmungen im Friedensvertrag zu Preßburg (1491). Vladislav II. (1456–1516), ein polnischer Königssohn aus dem Geschlecht der Jagiellonen, den die böhmischen Stände 1471 zu ihrem König gewählt hatten, versprach in diesem Vertrag den Habsburgern Böhmen und Ungarn für den Fall, daß er ohne Erben bleiben sollte. 1526 starb dann sein Sohn Ludwig ohne Nachfahren, und so fielen Böhmen und Ungarn an Habsburg-Österreich. Diese »ungleiche Ehe« bestand mehr oder weniger freiwillig bis zum Schicksalsjahr 1918. Doch zurück zum Beginn der Habsburger Herrschaft über Böhmen: 1526 wurde als erster Herrscher Erzherzog Ferdinand (1526–1564) zum König von Böhmen gewählt. Doch weder er noch sein Nachfolger Maximilian II. (1562–1576) residierten in Prag; sie regierten zentralistisch im fernen Wien. Erst Rudolf II., der 1572 König von Ungarn, 1575 König von Mähren und 1576 Kaiser des Reiches wurde, gab durch die Verlegung seiner Residenz im Jahre 1583 von Wien nach Prag dem Hradschin und der Stadt an der Moldau alten Glanz und europäische Bedeutung zurück. Rudolf versammelte namhafte Gelehrte und Künstler an seinem Hof. Seine Residenz wurde zu einer wertvollen Kunstsammlung und Schatzkammer. Der kunstbeflissene Kaiser ließ z.B. im Jahre 1506 das Dürerbild »Maria im Rosenkranz« von Venedig nach Prag bringen. Aber weder er noch sein Bruder Matthias, der ihm als Kaiser folgte (1611–1619), konnten die sich zuspitzenden Verhältnisse zwischen den Katholiken und Protestanten bzw. Utraquisten entschärfen. So löste der zweite Prager Fenstersturz den Böhmischen Krieg aus, der zum Flächenbrand des Dreißigjährigen Krieges ausuferte. Die ersten und die letzten Kämpfe dieses Glaubenskrieges wurden bei bzw. in Prag ausgetragen.

Mit dem Ausgang dieser Auseinandersetzungen verlor Böhmen auf lange Zeit seine Selbständigkeit. Es blieb wohl ein Königreich, doch das Sagen hatten die deutschen Kaiser aus dem Hause Habsburg zu Wien. Sie waren wohl zugleich Könige von Böhmen, auch wenn es einige nicht für nötig erachteten, sich in Prag krönen zu lassen. Obwohl Kaiserin Maria Theresia in einem Brief an Graf Kinsky die Wenzelskrone als »Narren-Häubl« verspottete, ließ sie sich doch am 12. Mai 1743 damit krönen. Unter ihrer Herrschaft gab der Wiener Hofarchitekt Nikolaus von Pacassi der Prager Burg ihr jetziges Aussehen. Die Politik der Kaiserin und auch ihres Sohnes Joseph II. setzte aber die Bedeutung des Hradschins weiter herab. Der kaiserliche Hof war nur selten dort zu finden. Bei der Krönung Leopolds II. (Kaiser 1790–1792) sollen die tschechischen Gäste demonstrativ nur tschechisch gesprochen haben. Die letzte Krönung zum böhmischen König im Jahre 1836 von Kaiser Ferdinand war trotz großen Pomps nur noch eine leere Formalität. Das Nichteingehen auf die Bedürfnisse der schwächeren Völker und Völkergruppen führte so im 19. und 20. Jahrhundert zu einem immer stärker anwachsenden Nationalismus mit all seinen negativen Seiten.

Nach dem Ersten Weltkrieg wurde Böhmen ein Teil der Republik Tschechoslowakei. Prag wurde wieder Residenzstadt. Auf dem Hradschin regierte ihr erster Präsident Tomáš G. Masaryk. Sein Nachfolger hieß 1935 Edvard Beneš. Die Gewaltherrschaft der Nationalsozialisten von 1939 bis 1945 und die der Kommunisten bis 1989 unterbrachen diese teilweise demokratische Zeit. Mit dem Einzug des Schriftstellers Václav Havel als freigewählter Präsident der ČSFR (1989–1992) auf dem Hradschin bekam Europa einen neuen Hoffnungsträger. Tschechische und Slowakische Republik trennten sich zum 1.1.1993. Möge die Hoffnung, die Václav Havel weckte und die in ihn gesetzt wird, nicht erneut verlorengehen!

**Burg Karlstein, etwa 25 Kilometer südwestlich ▷ von Prag oberhalb eines Seitentälchens der Berounka gelegen, erbaute Kaiser Karl IV. von 1348 bis 1357 als Erholungs- und Andachtsort.**

# Die Mariensäule und die Schlacht am Weißen Berg

Im Dreißigjährigen Krieg drohte der schwedische König Gustav Adolf, die Zerstörung Magdeburgs an München und Landshut zu rächen. Als er dann 1632 mit großer Heermacht vor den Toren der Landeshauptstadt Bayerns stand, fühlten sich die Münchner für einen Widerstand zu schwach. Der Bürgermeister, der aus dem bekannten Münchner Patriziergeschlecht Liegsalz stammte, übergab deshalb kampflos die Schlüssel der Stadt an den Schwedenkönig. Nur durch Zahlung eines hohen Lösegeldes und Stellung von 42 Geiseln, die durchwegs prominente Bürger, vor allem Geistliche waren, konnte die Stadt vor der Zerstörung gerettet werden. Den Schweden folgte die Pest. Sie raffte 1500 Münchner dahin.
Sechs Jahre später, im Herbst des Jahres 1638, ließ Kurfürst Maximilian als Dank für die Erhaltung seiner beiden Residenzstädte München und Landshut und auch als Dank für das Erlöschen der Pest die Mariensäule in der Mitte Münchens, auf dem damaligen Schrannenplatz, aufstellen. Die 2,15 Meter hohe Marienfigur war in den 90er Jahren des vorhergehenden Jahrhunderts von Hubert Gerhard geschaffen worden und stand von 1613 bis 1638 auf dem Hochaltar der Frauenkirche. Ohne Postament ist die korinthische Säule, ein Monolith aus rotem Untersberger Marmor, 11,6 Meter hoch. Zum Bau der U-Bahn in den 60er Jahren unseres Jahrhunderts mußte das Monument vorübergehend entfernt werden. So kehrte die Madonna wieder für einige Zeit in den Frauendom zurück. Beim Abbau zerbrach damals der Säulenschaft. Die Wiederherstellung einer Säule aus einem Stück bereitete Schwierigkeiten; der erste Versuch mißlang. Erst beim zweiten Arbeitsgang gelang es, wieder einen Monolithen herzustellen, der dem ursprünglichen entsprach. Der jetzige, rotgemaserte Stein stammt aus dem österreichischen Hallein. Die Wiederaufstellung der Madonna ermöglichte eine Münchner Bürgerin, die die Kosten für die Restaurierung der Figur übernahm. Original sind die vier Figurengruppen zu Füßen der Säule. Vier kleine Bronzeputten, mit Panzer und Helm ausgerüstet, streiten mit Spieß und Schwert gegen Schlangen (Pest), Basilisken (Hunger), Löwen (Krieg) und Drachen (Ketzerei). Zu ihren Häuptern am Übergang zur Säule schauen mit einem Ausdruck seligen Friedens vier Engelsköpfe auf die Kämpfer herab. Modelliert hat die Figuren vermutlich der 1634 verstorbene Jörg Petel aus Weilheim, gegossen hat sie 1638 Bernhard Ernst. Als Kurfürst Maximilian mit der Errichtung dieses Weihemonuments 1638 sein Gelöbnis aus dem Jahre 1635 einlöste, hatte man auf dem Marktplatz Tribünen und Zelte aufgeschlagen.
Für die Enthüllung und Einsegnung der Mariensäule hatte Maximilian bewußt den 8. November, den Jahrestag der Schlacht am Weißen Berg bei Prag, ausgewählt. Er wollte damit auch seinen Dank an die Himmelskönigin für den 18 Jahre zuvor bei Prag errungenen Sieg über die Protestanten zum Ausdruck bringen. Für seinen damaligen Erfolg am Weißen Berg hatte Kaiser Ferdinand II. ihm die Kurwürde verliehen und die Oberpfalz gegeben, die seit 1329 zur Kurpfalz gehörte. In Heidelberg regierte ab 1610 Kurfürst Friedrich V. von der Pfalz. Am 4. November 1619 wurde er im Prager Veitsdom von den protestantischen Böhmen zu ihrem neuen König gewählt, nachdem sie vorher Ferdinand II. als abgesetzt erklärt hatten. In einem Brief vom 24. September 1619 warnte Maximilian seinen jungen pfälzischen Vetter Friedrich und schrieb ihm u.a., die böhmische Unruhe bedeute für viele schöne Länder, ja das Römische Reich selbst und fast die ganze Christenheit größere Gefahren, als etliche es sich wohl einbildeten. In die schlimmste Not aber stürze sich der, welcher die vermeintliche Wahlkrone annähme. Böhmen sei eines von Europas interessantesten Königreichen; schon oft hätten Wirren sich von dort verbreitet, und besonders solche Herrscher, die nicht von böhmischem Geblüt waren, hätten dort keine guten Erfahrungen gesammelt. Doch Friedrich schlug diese wohlgemeinten Worte in den Wind. Er genoß in den kommenden Wintermonaten die hauptstädtischen Vergnügungen in Prag, während viele seiner böhmischen Soldaten verhungerten und erfroren. Und er feierte noch auf dem Hradschin, als wenige Kilometer westlich, auf dem Weißen Berg, am 8. November 1620 bereits die entscheidende Schlacht im Gang war. 28000 kaiserlich-bayerische standen 21000 böhmischen Soldaten gegenüber. Zu letzteren zählten neben Tschechen auch Deutsche und Ungarn. Auf der tschechischen Seite führte unter Kurfürst Friedrich der Fürst Christian von Anhalt, auf der kaiserlich-bayerischen Seite unter Herzog Maximilian der bewährte General Tilly den Oberbe-

**München: Mitten auf dem Marienplatz steht seit 1638 die Mariensäule. Am 18. Jahrestag der Schlacht am Weißen Berg bei Prag ließ sie Kurfürst Maximilian als Dank für die Errettung aus Kriegs- und Pestnot aufstellen.**

fehl. Das böhmische Regiment setzte sich wenig zur Wehr. Sehr schnell ließ es sich in die Flucht schlagen, hinab ins Moldautal. Der Sieger zählte unter seinen Leuten kaum 250 Gefallene auf dem Schlachtfeld. Ein englischer Beobachter meinte dazu: »Die Schlacht am Weißen Berg war wie der Tod eines längst Sterbensreifen; der Zusammenbruch dieses matten, kranken Regiments eine bloße Bestätigung.« Der »Winterkönig«, wie Friedrich bald wegen seiner kurzen Regierungszeit genannt wurde, flüchtete mit seiner englischen Frau Elisabeth noch in der Nacht in Richtung Breslau. Drei Tage nach der Schlacht traten die Unterlegenen, an ihrer Spitze Wilhelm von Lobkowitz, vor den Sieger Maximilian, Herzog von Bayern und Führer der Katholischen Liga. Mit Tränen in den Augen bat Lobkowitz unterwürfig den Herzog, er möge doch bei Seiner Majestät, dem Kaiser, ein gnädiger Fürsprecher sein. Bald darauf reiste Maximilian von Prag in seine Residenzstadt München zurück.

# Bierhochburgen

NICHT nur die Kaiser des Heiligen Römischen Reiches und die Werke von Künstlern wie Asam und Dientzenhofer verbinden Bayern und Böhmen. Hier und dort laden traditionsreiche Bierkeller, schattige Wirtsgärten und süffiges Bier bei mitreißender Blasmusik zur Geselligkeit ein.
Wanderfreund, kommst du nach München, um zur großen Fußreise übers Gebirg' aufzubrechen, benütze nicht den Nachtschnellzug, um dann gleich anschließend über Stachus, Neuhauser Straße und Marienplatz durchzustarten. Reise einen Tag vorher an, und stimme dich ein zur bayerisch-böhmischen Wanderung beim Mathäser, Paulaner, Augustiner oder im Hofbräuhaus. Du wirst es ganz sicher nicht bereuen. Der weise Goethe behauptete schon in seiner Jugend, Bier verschaffe Genuß. Es kuriert vor allem die heute so weit verbreitete Hetze und Übereile, und es setzt den Menschen in den Zustand bayerischer Gemütlichkeit und schwejkscher Ruhe.
Bereits Ludwig der Strenge (1255–1294), der erste Herzog, der von München aus regierte, besaß ein eigenes Bräuhaus. Die erste verbriefte Brau- und Schankerlaubnis erhielten 1306 die Franziskaner. Ein Meilenstein in Münchens Bierkultur war das Jahr 1487. Damals, also vor über 500 Jahren, wurde das Münchner Reinheitsgebot erlassen. 1516 erweiterte Herzog Wilhelm IV. diese Bestimmungen, die auch heute noch Bedeutung haben, auf ganz Bayern. Im Jahre 1620 gab es in München 72 Brauereien. Heute sind es noch sechs große Betriebe mit über 4000 Beschäftigten. Der Jahresumsatz beträgt knapp 500 Millionen Mark und der Bierausstoß über vier Millionen Hektoliter. In so einer Großbrauerei werden mit modernsten Maschinen in einer Stunde 250000 Flaschen abgefüllt. Diese Menge, in Bierkästen gestapelt, ergäbe die Höhe von fast 4000 Metern. Ein Brennpunkt des Münchner Fremdenverkehrs ist das Hofbräuhaus am Platzl. Ob Japaner, Amerikaner oder Chinese, das Lied »In München steht ein Hofbräuhaus« kennen sie fast alle. Wißbegierige Fremde sollen dort schon gefragt haben: »Auf welchem Platz hier hat denn nun Hitler gesessen?« Einer wollte gar den Dienstmann Hingerl sprechen. Hervorgegangen ist die Hofbrauerei aus einem umgewandelten Badhaus im Alten Hof. An den jetzigen Standort verlegte man es 1644; umgebaut und erweitert wurde es in den Jahren 1896 bis 1897. Im 16. Jahrhundert kam

**Nur wenige Gehminuten vom Marienplatz entfernt liegt die berühmteste Einkehr Münchens: das Hofbräuhaus. Die ehemalige Hofbrauerei wurde 1644 an den jetzigen Standort verlegt und 1896 baulich erweitert.**

**München, Aumeister: Sieben Kilometer nach dem Aufbruch auf dem Marienplatz lädt dieser beliebte Biergarten zur Rast ein. Hervorgegangen ist diese Einkehr aus dem Haus des königlichen Aujägermeisters.** ▷

das weiße Weizenbier aus Böhmen nach München. Das Bockbierbrauen begann zu Anfang des 17. Jahrhunderts, und Bruder Barnabas, der mit bürgerlichem Namen Valentin Stephan Still hieß, erfand in der zweiten Hälfte des 18. Jahrhunderts das Salvatorbier. Als guten Bierbrauer hatten ihn die Paulanerpatres vom oberpfälzischen Amberg nach München geholt. Zur Starkbierzeit im Frühjahr ruft in München der Berg. Gemeint ist damit der Nockherberg, eine kleine Anhöhe am Ostufer der Isar, wo das frischgebraute Starkbier ausgeschenkt wird. Wie früher, so erhält auch heute noch der Landesherr die erste Maß. Zu dieser Festveranstaltung gehört auch das »Derblecken« (Verulken) der Politiker. Wird dabei

**Prag. Die Gaststätte U Fleků, gegründet bereits 1499, entspricht dem Münchner Hofbräuhaus. Originell hat man die Buchstaben des Namens im Zifferblatt der Uhr als Zahlenersatz verwandt.**

**▷ Prag, U Fleků: Die Beliebte Einkehr Fleků liegt günstig zwischen der Schiffsanlegestelle, der Karlsbrücke und dem Wenzelsplatz unweit der Moldau.**

ein »Großkopferter« nicht erwähnt, so entspricht dies etwa einem schlechten Ergebnis bei einer demoskopischen Umfrage.

Zieht man von unserem Aufbruchsort an der Mariensäule eine Linie zum Fischerbrunnen und verlängert sie um 300 Meter, so ist man genau am Hofbräuhaus. Bei der Wanderung nach Prag lassen wir es 150 Meter rechts liegen. Nach etwa drei Kilometern passieren wir den Biergarten am Chinesischen Turm und nach weiteren vier Kilometern die Einkehr »Zum Aumeister«. In den Jahren 1810/11 wurde das Haus für den königlichen Aujägermeister erbaut. Als nächste Einkehr und gegebenenfalls für den Fußwanderer als erstes Quartier winkt der gemütlich und stilvoll eingerichtete Gasthof mit angeschlossenem Hotel »Zur Mühle« in der Ortsmitte von Ismaning. 30 Kilometer nördlich von München begrenzt das tertiäre Hügelland die nacheiszeitliche Schotterebene.

Auf dem westlichen Nachbarhügel des Freisinger Domberges liegt das Mekka aller Bierbrauer: Weihenstephan. Der Name geht zurück auf die St.-Stephanus-Kapelle des hl. Korbinian. Im Jahr 1040 erhielt das dortige Benediktinerkloster das Recht, Bier zu brauen und auszuschenken. Somit ist die heutige bayerische Staatsbrauerei Weihenstephan die älteste noch bestehende Braustelle der Welt. Aus dem klösterlichen Betrieb entwickelte sich eine technische Universität mit der Fakultät für Brauwesen, Lebensmitteltechnologie und Milchwissenschaft. Ihr guter Ruf läßt Studierende und Fachleute aus der ganzen Welt nach Weihenstephan pilgern. Mit obergäriger Hefe wird das spritzige Weihenstephaner Weißbier oder auch edles Pils gebraut. In den Kellern lagern ständig drei Millionen Liter Gerstensaft. Das angeschlossene Bräustüberl ist mit 450 überdachten Sitzplätzen ebenso vielen, im Biergarten auch starken Anstürmen gewachsen.

Bei der Wanderung mit Rad, Schuhwerk und Schiff endet der erste Teil entweder in Deggendorf oder in Vilshofen. Ein Sohn der letztgenannten Stadt mit dem Namen Joseph Groll (1813–1887) war es, der vor 150 Jahren (1842) im böhmischen Pilsen das helle Pils mit dem ausgeprägten Hopfengeschmack erfand. Bei dem Namen Vilshofen denkt der Biertrinker und bayerische Politiker vor allem an den Wolferstetter-Keller. Hier zog jeweils am Aschermittwoch Franz Josef Strauß unter den Klängen des bayerischen Defiliermarsches und dem Applaus seiner Anhänger wie ein Gladiator in diese 450 Jahre alte Bierburg ein. Wegen Platzmangels ist seine Partei in die Nibelungenhalle nach Passau umgezogen.

Im vergangenen Jahrhundert schuf dort Franz Stockbauer aus bescheidenen Verhältnissen heraus die leistungsstarke Löwenbrauerei Passau AG. Stockbauer war verheiratet mit der schönen Marie aus Sonnen im Bayerischen Wald. Gestorben ist er kinderlos ein Jahr vor dem Ausbruch des Zweiten Weltkrieges. In seinem Vermächtnis ist festgelegt: Vom jährlichen Gewinn der Brauerei müssen 96 Prozent an eine soziale Stiftung gehen. Davon erhalten je ein Drittel Arme, begabte Studenten und gemeinnützige Einrichtungen.

Wie München, so ist auch Prag eine Hochburg der Biertrinker. Bier ist ein böhmisches und auch ein bayerisches Nationalgetränk. Die tschechische Statistik weist pro Kehle und Jahr einen Bierkonsum von 132 Litern aus, einschließlich der Nichttrinker. Die bundesdeutsche Zahl liegt bei 150 Litern. An die 900 Bierstuben wetteifern in Prag um das beste Bier. Die einen schwören auf den Pilsner Gambrinus oder auf das Budvar, andere auf das Pilsner Urquell oder auf das Krušorvice-Bier. Auch Rakovnik, Bráník, Popovice, Staropramen und Pragovar stehen hoch in der Gunst der Gäste. Drei Braudynastien dominieren in der Stadt an der Moldau: Im Stadtviertel Braník ist Regent zu Hause, in Holešovice braut Pražan und im Viertel Smichov Staropramen. Dem Münchner Hofbräuhaus kann man, was die Beliebtheit betrifft, das U Fleků gleichsetzen. Schon vor 500 Jahren braute man hier ein helles Bier. Seit 1843 wird das 13prozentige Dunkle mit dem Beigeschmack von geräuchertem Karamel ausgeschenkt. Dazu schmecken die mit Schmalz bestrichenen Knoblauchtoasts. Bedient wird ausschließlich von Kellnern. Ausgeschenkt werden im Jahr

**Prag, U Fleků. Der »Umzug des Gerstenkönigs Ječmínek« im Hof des Restaurants ist das Werk des bekannten tschechischen Malers und Grafikers V. H. Brunner.**

**Prag, U Fleků in der Křemencora. Zwei würdige und wichtige Vertreter ihres Berufes: Der Koch und der Ober. Ohne ihre Kunst, ihr Geschick und ihre Höflichkeit gibt es keine zufriedenen Gäste.** ▷

20 000 Hektoliter dieses dunklen Gerstensaftes. Der Alkohol und die böhmische Blasmusik bewirken eine Verständigung auch ohne Sprachkenntnisse.

Eine Touristenattraktion auf der Kleinseite ist U Svatého Tomáše (Zum hl. Thomas). Noch bis zum Anfang der 50er Jahre brauten dort Augustinermönche nach alten Rezepten. In den gotischen Gewölben dieser früheren Klosterbrauerei trafen sich einst Literaten. Das Prager Thomasbräu entstand bereits über 100 Jahre früher als U Fleků.

Einer der berühmtesten Zecher in diesen uralten Prager Bierlokalen war der Sohn Kaiser Karls IV., Wenzel IV., der seinem Vater auf dem deutschen und böhmischen Thron folgte. Er scheiterte als Politiker. Den Pragern war er aber nicht unsympathisch, da er genau wie sie gerne die Bierkneipen aufsuchte. Meist hatte er auch seinen Hofnarren und Zauberer Zito dabei, der das Volk durch seine Späße immer wieder zum Lachen brachte.

Ein besonderer Wirtshaustyp in Prag sind die Schifferkneipen am Hafen. In früheren Zeiten kehrten hier die Flößer ein, bevor sie auf der Elbe Hamburg zusteuerten. Unter einem »Hamburger« verstand man früher einmal in Prag einen Flößer, der mit seinem Holzgefährt bis in die freie Hansestadt an der Unterelbe fuhr.

Das Bierlokal U Kalicha (Zum Kelch) wurde durch Jaroslav Hašeks braven Soldaten Schwejk berühmt. Wegen seiner aufrührerischen Reden war Schwejk gleich nach dem Attentat auf den österreichisch-ungarischen Thronfolger hier von den Geheimpolizisten festgenommen worden. Souvenirs und Bilder an den Wänden erinnern an die Schwejklegende. Wer dort einen Platz bekommen will, meldet sich am besten frühzeitig an. All die interessanten und gemütlichen Prager Bierlokale zu erwähnen würde den Rahmen dieses Kapitels sprengen. Doch zum Schluß, lieber Wanderfreund, noch ein Vorschlag in Anlehnung an die Worte Schwejks:

Nach der Wanderung ab 6 Uhr abends sollte man im U Fleků, dem »Prager Hofbräuhaus«, einkehren. Ähnlich wie am Platzl in München gibt es einen schattigen Biergarten, eine zünftige Blasmusik und ein süffiges Bier. Und so, wie der Schwejk nach dem Krieg seinen alten Kameraden im Kelch (U Kalicha) traf, sollten sich die Pragwanderer im U Fleků zusammensetzen. Als Erkennungszeichen diene eine Kopfbedeckung mit auffallenden Münchner oder bayerischen Emblemen.

WOJWODO ČESKÉ ZEMĚ
NÁMI BUDOUCÍM

# Zuerst durch Münchens Gärten

HISTORISCHE Baukunst an beiden Rathäusern, im Alten Hof, an der neuen Residenz und rings um den Odeonsplatz gibt dem ersten Wanderkilometer nach Prag das Gepräge. Treten wir durch das Klenzesche Tor in den Hofgarten, so empfängt uns ein streng gegliederter Park. Auch hier überwiegt die Gestaltungskunst des Menschen und nicht das Kräftespiel der Natur. Nach den Richtlinien italienischer Gartenbaukunst ließ Herzog Maximilian I. in den Jahren von 1610 bis 1620 diesen Garten anlegen. Das Grundschema wurde seither nur wenig verändert.

Die Mitte bestimmt ein zwölfeckiger Pavillon aus dem Jahre 1615, dessen Kuppel die Tellus Bavarica, ein Sinnbild der bayerischen Lande, krönt. Das Original dieser Erzstatue wird im Residenzmuseum aufbewahrt. Geschaffen wurde es um 1600. Von Hubert Gerhard stammt die Figur, von Hans Krumpper die Putti. Ausgehend von den Rundbögen dieses Brunnentempels, führen Wege zu vier großen Schalenbrunnen. Im Wechsel der Jahreszeiten schmücken fleißige Gärtnerhände die Rabatten mit bunten Blumen. An den quadratisch umlaufenden Wegen laden Ruhebänke zum Verweilen ein. Mancher Berufstätige genießt die Gartenpracht auf seinem Weg zur Arbeit und während seiner knappen Mittagspause. Kurfürst Karl Theodor ließ den Garten 1780 für die Bevölkerung öffnen. Bereits in der ersten Hälfte des 16. Jahrhunderts, unter Herzog Wilhelm IV., gab es einen Hofgarten. Damals erstreckte er sich östlich der Residenz auf dem Gelände des heutigen Marstallplatzes. Der jetzige Hofgarten wird im Süden vom Festsaalbau der Residenz, im Norden und Westen von Arkaden begrenzt.

Beiderseits des Hofgartentors schmücken 16 Fresken die Wände. Sie erzählen von wichtigen Ereignissen aus der bayerisch-wittelsbachischen Geschichte. Ein Bild berichtet vom Kampf der Bayern unter den Herzögen Heinrich I. (1235–1290) und Ludwig dem Strengen (1229–1294) gegen die Böhmen unter Přemysl Ottokar II. Beide Parteien wollten die einige Jahre vorher ausgestorbenen Babenberger und Bogener beerben. Das Bild unter den Arkaden zeigt den Einsturz der Innbrücke bei Mühldorf mit den darüber fliehenden Böhmen im Jahre 1258. Ein anderes Bild zeigt Bayerns Herzog Albrecht III. den Frommen, wie er im Jahre 1440 die Krone Böhmens ausschlägt. Entworfen hat die Bilderfolge Peter von Cornelius in den Jahren 1826 bis 1829, ausgeführt wurde sie von seinen Schülern, u.a. von Kaulbach, Foltz und Neureuther.

Ein Brunnen neben den Arkaden mit einer Nymphe von Schwanthaler erinnert an einen ehemaligen Teil des abgeschlossenen Residenzgartens. Im Osten begrenzt den Hofgarten der Neubau der Staatskanzlei mit dem Torso des Armee-

**München. Blick auf den Wasserfall im Englischen Garten. Bis zum Jahr 1806 standen hier – am Zusammenfluß von Eisbach und Schwabinger Bach – zwei Mühlen.**

◁ **Den Münchner Hofgarten ließ Herzog Maximilian I. in den Jahren 1610 bis 1620 im Stil italienischer Gartenbaukunst anlegen. In der Bild- und Gartenmitte erhebt sich ein zwölfeckiger Pavillon aus dem Jahr 1615.**

**Der Chinesische Turm im Englischen Garten wurde 1789/90 nach Plänen von Josef Frey in original bayerischer Zimmermannsarbeit erbaut. Der Zerstörung im 2. Weltkrieg folgte 1952 der Wiederaufbau.**

museums in der Mitte. Davor in einer Geländesenke erinnert die liegende Figur eines toten Soldaten an die in vielen Kriegen Gefallenen.

Nördlich davon ermöglicht eine breite Unterführung unter der Königinstraße ein gefahrloses Hinüberwechseln in den größten Grünbereich Münchens, in den Englischen Garten. Wie ein Schulbeispiel empfindet der Besucher den Gegensatz beider Gärten. Dort gerade Linien, streng geschnittene Hecken und die Blütenpracht hochgezüchteter Blumen; hier natürliche Konturen, freiwachsende Bäume und Sträucher oder wilde Blumen. Und doch ist auch dies das Werk menschlicher Gestaltungskunst. Die Durchblicke, die Plazierung der großkronigen Bäume, der Verlauf des munter dahinfließenden Eisbaches – all diesem liegt ein Plan zugrunde, den vor 200 Jahren Friedrich Ludwig von Sckell, der Sohn des Schwetzinger Hofgärtners, entwickelte. Kurfürst Karl Theodor hatte ihn von 1773 bis 1776 zum Erlernen des neuen Gartenstils nach England geschickt. Am 7. August 1789 erhielt Sckell den Planungsauftrag für den Englischen Garten in München, markierte gleich selbst den Verlauf des ersten Weges in der Natur und steckte die Grenzen der ersten Pflanzungen ab. Die Oberleitung hatte der aus dem US-Staat Massachusetts stammende Sir Benjamin Thompson (geb. 1753), der spätere Graf Rumford. Angeregt durch die Französische Revolution, erließ der bayerische Kurfürst Karl Theodor am 13. August 1789 ein Dekret zur Anlage dieses Parks für das Publikum der Residenzstadt München. Wie in späteren Kriegsjahren verband man auch am Anfang mit der Gartenanlage wirtschaftliche Absichten. Davon zeugten Tierarznei- und Militärgärten, eine Baumschule, eine Schweizerei, eine Schäferei und nicht zuletzt der Anbau der aus Südamerika eingeführten Kartoffel. In wenigen Jahrzehnten wurde die Anlage zu einem der größten Landschaftsgärten innerhalb einer deutschen Großstadt. Der wirtschaftliche Aspekt trat zurück. Bei der heutigen Umweltsituation besitzt dieser Grünraum für die Bevölkerung einen nicht meßbaren sozialen und gesundheitlichen Wert.

Nachfolgend die wichtigsten Entwicklungs- und Ausbaudaten:

| | |
|---|---|
| 1789/90 | Nach Plänen von Josef Frey wird der Chinesische Turm gebaut. Er hat wohl ein asiatisches Aussehen, die Holzkonstruktion ist jedoch original bayerische Zimmermannsarbeit. Nach der Zerstörung durch Brandbomben im Zweiten Weltkrieg wird er 1952 wieder errichtet. |
| 1792 | Anläßlich eines ersten Hoffestes wird der Garten offiziell für die Öffentlichkeit freigegeben. |
| 1795/96 | Das Rumforddenkmal errichtet der Hofbildhauer Franz Jakob Schwanthaler. |
| 1799 | Reinhard Freiherr von Werneck wird Direktor des 375 Morgen großen Englischen Gartens. Die Militärgärten werden aufgelöst. 300 Morgen Neuland in der Unteren Hirschau werden dem Englischen Garten angegliedert. |
| 1800–1802 | Die erste Wasserfläche des Kleinhesseloher Sees entsteht. 1812/13 vergrößert man den See. 1882/83 wird das erste Seehaus nach einem Entwurf des bekannten Architekten Gabriel von Seidl erbaut. |
| 1806–1812 | Die Isar wird im Stadtbereich reguliert. Als Folge davon gräbt sie sich im kommenden Jahrhundert um 8,5 Meter in den Untergrund ein. 1923–1926 wird der mittlere Isarkanal gebaut, in den pro Sekunde 92 Kubikmeter Wasser abgeleitet werden. |
| 1807 | Friedrich Ludwig von Sckell verfaßt einen Entwicklungsplan und eine Denkschrift über den Englischen Garten. |

**Die Grünanlagen des Englischen Gartens bieten Ruhe und Erholung mitten in der Großstadt München. An sonnigen Tagen ist der Park ein beliebter Treffpunkt für Jung und Alt.** ▷

| | |
|---|---|
| 1810/11 | Im Norden des erweiterten Parks entsteht das Aujägermeisterhaus. |
| 1824 | König Max I. Joseph läßt am Kleinhesseloher See das Denkmal für Sckell (gest. 1823) aufstellen. Der Entwurf stammt von Klenze und Ernst von Bandel. |
| 1832–1836 | Der Monopteroshügel mit Rundtempel wird geschaffen. Der Entwurf für den Tempel stammt ebenfalls von Klenze. |
| 1838 | König Ludwig I. stiftet das Werneckdenkmal am Kleinhesseloher See. |
| 1933–1937 | Am Südrand des Englischen Gartens wird nach Plänen von Paul Ludwig Troost auf Anordnung des Reichskanzlers Adolf Hitler das Haus der Deutschen Kunst gebaut. |
| 1937/38 | Von Ost nach West wird der Park durch eine Autostraße, dem heutigen Isarring, zerschnitten. Durch die Verbreiterung der Königinstraße von 10 auf 30 Meter werden 289 Bäume am Westrand des Gartens geopfert. |
| 1952 | Das 30 Hektar große Maffeigelände, auf dem sich eine Lokomotivfabrik befand, wird in den Park einbezogen.<br>Nördlich des Englischen Gartens siedelt sich der Bayerische Rundfunk mit dem Fernsehstudio Freimann an. |
| 1971 | Der Tunnel unter der Königinstraße hindurch zum Englischen Garten beim Haus der Kunst wird gebaut.<br>Dort am Eingang des Gartens und unweit des ehemaligen Hofgarten-Nordtors wurde 1803 die Symbolfigur dieses Volksparks, die Figur des »Harmlos« von Franz Jakob Schwanthaler, aufgestellt. Das Wort »harmlos« ist hier als »frei von Sorgen« zu verstehen. Die linke Hand des klassisch schön geformten Jünglings ruht auf einer Schrifttafel. Die Inschrift kann auch als Geleitwort für die Pragwanderer gelten: »Harmlos wandelt hier! / Dann kehret neugestärkt / Zu jeder Pflicht zurück!« |

**München, Englischer Garten. Der künstliche Hügel mit dem 1832 bis 1837 errichteten Monopteros (Leo von Klenze und Carl August Sckell) ist ein beliebtes Ziel für Erholungssuchende.**

# Niederbayerische Landstädte

FRUCHTBARE Lößböden und wichtige Verkehrsadern ließen schon in vorgeschichtlicher Zeit an der unteren Isar und im Donautal menschliche Siedlungen entstehen. Nach den Kelten und den Römern herrschten die frühen bayerischen Herzöge aus dem Geschlecht der Agilolfinger. Später rangen die Wittelsbacher Herzöge mit den Bischöfen von Regensburg und Passau um Besitz und Vorherrschaft. Bis in das 13. Jahrhundert hinein waren in der Landschaft an Vils, Isar und Donau die Grafen von Bogen, die Babenberger aus der Ostmark und nicht zuletzt das mächtige Geschlecht der Ortenburger von Bedeutung. Mit der Gründung von Märkten und Städten wollte man den Einflußbereich des Gegners eindämmen und den eigenen Gefolgsleuten Schutz und Entwicklungsmöglichkeiten bieten. Eine Beschäftigung mit der Geschichte der Ortschaften am Wanderweg öffnet auch Einblicke in die Landesgeschichte.

**Landau an der Isar. Das geschmackvoll geschmückte ehemalige Weißgerberhaus beherbergt das Heimatmuseum. Neben alten Möbeln und Geräten sind auch historische Münzen und prähistorische Funde zu sehen.**

**Dingolfing. Giebel des sogenannten Herzogshauses. ▷ In diesem bemerkenswerten spätgotischen Backsteinbau, einst Dienstwohnung herzoglicher Amtsträger, ist das Heimatmuseum untergebracht.**

## Dingolfing

Leitet sich der Ortsname ab vom Thing der Agilolfinger oder von der Siedlung eines Dingolfs? Diese Frage bleibt wohl ungeklärt. Fest steht die erstmalige Nennung des Ortes Dingolvinga im Zusammenhang mit den geistlich-weltlichen Synoden, die in den Jahren 770, 833 und 932 die Agilolfinger Herzöge dort abhielten. Aus einem agilolfingischen Herzogshof entstand zuerst in der Gegend der jetzigen Pfarrkirche St. Johannes eine Siedlung, die später dem Regensburger Bischof gehörte. Im Gegenzug gründete 1251 der Wittelsbacher Otto II. der Erlauchte (1206–1253) auf dem oberhalb sich erstreckenden Bergrücken ein »castrum et oppidum«. Somit bestanden zwei voneinander unabhängige, ja sogar rivalisierende Ortskerne. Im Jahre 1265 gab der Bischof seine Besitzungen und Ansprüche auf. Damit war der bayerische Herzog alleiniger Herr von Dingolfing. Das mittelalterliche Städtchen am rechten Isarhang umschloß einst eine Stadtmauer mit 30 Türmen und vier Toren. Schon um das Jahr 1300 griff der Ort mit der Anlage von viehwirtschaftlichen Schwaigbetrieben auf das linke Isarufer über.

Die spätgotische Pfarrkirche St. Johannes stammt aus dem Jahr 1467. Die Hochaltarfiguren werden der Schule Leinberger zugesprochen. Sie und das große spätgotische Kruzifix wurden um das Jahr 1520 geschaffen. Bemerkenswert ist außerdem das Herzogshaus. Es ist ein spätgotischer Backsteinbau, in dem das Heimatmuseum untergebracht ist. Das Wahrzeichen der Stadt ist die Hochbrücke über das Asenbachtal. Mit mächtigen Bögen verbindet sie die Oberstadt mit dem südwestlichen Umland. Nach einer Holzkonstruktion wurde die Steinbrücke mit den jetzigen Ausmaßen im Jahre 1612 erbaut und später mehrmals saniert; 1965/66 schuf man einen mit Ziegelsteinen ummauerten Stahlbetonrahmen. Das wirtschaftliche Rückgrat von Dingolfing ist seit dem letzten Weltkrieg die Automobilherstellung. Auf die der Firma Glas,

die das Kleinfahrzeug Goggomobil baute, folgten die Bayerischen Motoren Werke (BMW). Die Einwohnerzahl stieg von 9000 im Jahre 1960 auf fast 15000 im Jahre 1990.

## Die Bergstadt Landau

Auf steiler Isarhöhe, dort, wo das tertiäre Hügelland gegen das breite und fruchtbare Donautal ausläuft, liegt die Bergstadt Landau. Jenseits des Gäubodens, im blauen Dunst der Ferne, grüßen die Höhen des Bayerischen Waldes herüber.
Im Jahre 1224, 20 Jahre nach der Gründung Landshuts durch Ludwig den Kelheimer, ließ ebendieser bayerische Herzog die Stadt um zwei Marktplätze herum anlegen. Leider versank dieser mittelalterliche Ort in den Maitagen des Jahres 1743 nahezu bis auf das letzte Haus in Schutt und Asche. Nicht nur die gegnerischen Österreicher hatten durch die Beschießung mit Feuerkugeln und Minen diese alles verheerende Feuersbrunst ausgelöst; auch die verbündeten Franzosen selbst zündeten die untere und die obere Stadt an mehreren Stellen an. Bald nach dem Ende des Krieges um das österreichische Erbe bauten die Landauer ihre Stadt wieder auf. Zur Linderung der größten Not spendete Kaiserin Maria Theresia den leidgeprüften Landauern 600 Dukaten. Eine Tafel am Rathaus, die am 100. Jahrestag dieses furchtbaren Ereignisses angebracht wurde, erinnert an den Stadtbrand. Trotz dieser Vernichtung bietet Landau dem Kunstfreund einige Sehenswürdigkeiten. Zu nennen sind die Stadtpfarrkirche mit barocker Ausstattung, die Wallfahrtskirche Mariä Heimsuchung mit vielen Votivgaben und die Friedhofskirche Heilig Kreuz mit spätgotischen Altären, einem Tafelgemälde und bunten Glasfenstern. Einen Besuch lohnt auch das in einem ehemaligen Weißgerberhaus untergebrachte Heimatmuseum. Nicht nur bäuerliches und bürgerliches Mobiliar und Geräte aus vergangenen Jahrhunderten, auch historische Münzen, religiöse Volkskunst und prähistorische Funde gewähren Einblick in die Lebensweise der Menschen in früherer Zeit. In Landau wuchs die Bevölkerung von 5900 Menschen im Jahre 1960 auf 11350 im Jahre 1990.

## Plattling, Station des Nibelungenzuges

Der Dichter des Nibelungenliedes läßt die Königin Kriemhilde auf ihrer Reise entlang der Donau im alten Bledelingen übernachten. Hier empfing sie ihr Onkel, der Passauer Bischof Pilgrim. Und hier ehrten und beschenkten die Einwohner von Bledelingen die hohen Gäste. Die Sage erzählt:

*Dort zu Bledelingen schuf man ihnen Ruh;*
*Das Volk allenthalben ritt auf sie zu.*
*Man gab was sie bedurften williglich und froh;*
*Sie nahmen es mit Ehren so tat man bald auch anderswo.*

Von der Sage zur Wirklichkeit jener frühen Jahre: In gebührendem Abstand zum wasserreichen Mündungsgebiet der Isar in die Donau bestand sicher seit urdenklichen Zeiten ein Flußübergang. Im frühen Mittelalter floß die Isar im Raum Plattling etwa drei Kilometer weiter südöstlich. Die Ortsnamen Isarau, Isarhofen und Isarmünd deuten darauf hin. In der Entstehungszeit des Nibelungenliedes scharten sich die Wohnhäuser von Bledelingen um die St.-Jakobs-Kirche, die jetzige Friedhofskirche. Der auch jetzt noch stimmungsvolle romanische Bau, der dem Schutzheiligen der Pilger gewidmet ist, wurde im 12. Jahrhundert errichtet. In den Jahren 1186/87, 1198, 1209, 1217 und 1222 wurden Landtage und Hoftage in Plattling, vermutlich in der romanischen Kirche, abgehalten. Verhandelt wurde dabei des öfteren über Streitigkeiten der Klöster mit ihren Vögten, den Grafen von Bogen, Ortenburg und Ahausen. Bevor Plattling im Jahr 1242 an das herzogliche Bayern unter Otto II. dem Erlauchten kam, gehörte es zur Grafschaft Bogen. Deren letzte Herrscher, die Grafen Albrecht III. und Albrecht IV., waren ob ihrer Gewalttätigkeit gefürchtet. Unter dem Straubinger Herzog Albrecht I. (1336–1404) wurde der Marktflecken vom Isarmoos bei St. Jakob auf die linke Isarseite verlegt. Der Grund hierfür

◁ **Deggendorf. Ein besonderes Schmuckstück der Stadt ist der von Joh. Gunezrhainer geplante und von seinem Schwager, dem Münchner Stadtbaumeister Joh. Michael Fischer erbaute Barockturm (1723–1727).**

**Deggendorf. Herzstück der Mitte des 13. Jahrhunderts vom Wittelsbacher Herzog gegründeten Stadt ist das gotische Rathaus (1535).**

waren die häufigen Überschwemmungen. Erst im Jahre 1931 wurde die neu im Ort erbaute Magdalenenkirche zur Pfarrkirche erhoben. Und ebenfalls erst in diesem Jahrhundert wurde der Schicksalsfluß Isar gezähmt. Um einen breiten Marktplatz liegen am jetzigen Standort der Stadt Bürgerhäuser und einladende Gasthöfe. Plattling ist nach wie vor geprägt vom Schnittpunkt wichtiger Verkehrswege, besonders aber auch von der Landwirtschaft und der einschlägigen Industrie (z.B. Zuckerfabrik). Etwa 11 000 Menschen wohnen in der Stadt vor dem Mündungsbereich der Isar in die Donau.

Bei der Wanderung nach Prag sollte man sich Zeit nehmen für ein paar besinnliche Minuten in der stimmungsvollen, altehrwürdigen Friedhofskirche. Der hl. Jakob ist auch der Schutzpatron der Wanderer. Der einfache Taufstein stammt noch aus der Erbauungszeit, ist also über 800 Jahre alt.

Rustikal und kraftvoll wirken die unverputzten quadratischen Arkadenpfeiler und stilvoll die gotische Ausstattung. Den Schlüssel für das Gotteshaus verwahrt der Friedhofswärter.

## Deggendorf, das Tor zum Bayerischen Wald

Die erste Ansiedlung am Fuß des Geiersberges geht vermutlich auf die Zeit der Klostergründungen von Metten und Niederalteich zurück, also auf das 8. Jahrhundert. Von einer Siedlung beim Donauübergang »Urvar«, die im Schutz eines Herzogshofes stand und vielleicht an einem alten Saumweg lag, berichtet der bayerische Historiker Karl Bosl. Besitzer war Herzog Arnulf von Bayern (907–937). Seine Tochter Judith schenkte den Hof an das Reichsstift Niedermünster in Regensburg. Urkundlich erwähnt ist eine Zollstelle der Babenberger Grafen aus dem Jahre 1002. Die Menschen siedelten damals zwischen den beiden Bogenbächen und gründeten dort die Altstadt (oppidum). Später konnten die Grafen von Bogen diesen Besitz vereinnahmen. Nach dem Aussterben dieser beiden Geschlechter ließ der neue Herrscher, der Wittelsbacher Herzog Otto II., um 1250 unmittelbar daneben im hochwassersicheren Bereich eine neue Stadt anlegen. Dieses ovale Stadtgefüge wurde mit Wassergraben, Mauern und Türmen befestigt. Von der Wehrmauer ist ein etwa 30 Meter langes Reststück erhalten geblieben.

Die Silhouette Deggendorfs bestimmen drei Türme. Der nördlichste davon, der Rathausturm, dominiert die Mitte des Stadtplatzes. Er stammt aus der Mitte des 14. Jahrhunderts und gehört zum 1535 erbauten Rathaus. Die Keimzelle des Gebäudes war eine Martinskapelle, die einzige Kirche innerhalb der

**Vilshofen. Bei der durchgehenden Radwanderung nach Prag besteigt man hier das Schiff nach Obernzell. Das Bild zeigt den Ausblick vom Stadttor (1643/44) von B. Viscardi auf die Pfarrkirche St. Johannes.**

mittelalterlichen Stadtmauer. Der Turm kann von Mitte Mai bis Mitte Oktober bestiegen werden. Ein besonderes Schmuckstück ist der von Johann Baptist Gunezrhainer geplante und von seinem Schwager, dem Münchner Stadtbaumeister Johann Michael Fischer, zwischen 1722 und 1728 erbaute Barockturm. Ihm angeschlossen ist die von 1337 bis 1360 erbaute gotische Basilika zum Hl. Grab Christi. Als Sühne für einen angeblichen Hostienfrevel errichteten die Bürger Deggendorfs, das damals 1500 Einwohner zählte, diese Kirche. Sie ist das Ziel vieler Wallfahrer, die alljährlich zur »Deggendorfer Gnad« im Herbst dorthin pilgern. Das Gegenstück zur Hl.-Grab-Kirche ist die aus der Urpfarrei hervorgegangene Kirche Mariä Himmelfahrt, die jetzige Pfarreikirche. Mit ihrem schlanken Turm, umgeben vom Friedhof und einer alten Kapelle, einem vermutlichen Karner, steht sie südlich der wittelsbachischen Neustadt und am Fuß des Geiersberges. Dort hinauf zur Wallfahrtskirche der Schmerzhaften Mutter Gottes (erbaut 1486) mit dem gotischen Vesperbild »Maria in der Rose« und alten Votivgaben führt ein beliebter Spazierweg. Am oberen Stadtplatz, in der ehemaligen Fleischbank, lädt das Heimatmuseum zu einem Besuch ein. Hier im Deggendorfer Land beginnt der Obere Weg nach Prag. Erstmals geht's bergan; vom 310 Meter hoch gelegenen Donautal zum 916 Meter hohen Hausstein an der Rusel.

## Osterhofen

Drei Kilometer südlich der Donau auf einem kleinen Höhenzug vor der breiten Ebene liegt die etwa 11000 Einwohner zählende Stadt Osterhofen. Ihr 111 Quadratkilometer großes Areal reicht von der Donau bis hinüber zum »Dackeldorf« Gergweis an der Vils. Am ältesten ist der durch seine prachtvolle Barockkirche bekannte Ortsteil Altenmarkt. Er hieß früher Osterhofen. Dort bestand im 8. Jahrhundert ein Herzogshof des bayerischen Herrschergeschlechtes der Agilolfinger. Nach ihrem Untergang wurde daraus eine karolingische Pfalz. Die Geschichte berichtet: Am 4. März 833 und am 26. Februar 836 hat der Karolingerkönig Ludwig der Deutsche in seiner königlichen Pfalz zu Osterhofen Urkunden an den Bischof von Passau ausgestellt. Um die Jahrtausendwende ließ der Bayernherzog Heinrich Hezilo anstelle der Königspfalz ein Stift für Chorherren errichten. Sein Schwager, Kaiser Heinrich II., unterstellte später dieses Stift mit weiteren Gü-

tern an der Donau dem Bistum Bamberg. Im 12. Jahrhundert wurde es ein Prämonstratenserkloster, dessen Mönche aus Ursberg in Schwaben kamen. 1288 wurde es Abtei.
Landgraf Johann von Leuchtenberg gründete im Jahre 1378 einen neuen Ort Osterhofen neben dem heutigen Altenmarkt; der Marktbrunnen vor dem Heimatmuseum erinnert an ihn. Osterhofen und die benachbarte Stadt Vilshofen sind die einzigen beiden Orte in Bayern, denen das Stadtrecht von Grafen verliehen wurde. 1428 wurde die leuchtenbergische Stadt wittelsbach-bayerisch.
Ein Glanzstück bayerischer Kirchenbaukunst ist die von Johann Michael Fischer in den Jahren zwischen 1726 und 1736 erbaute und von den Gebrüdern Asam meisterhaft ausgeschmückte Abteikirche im jetzigen Altenmarkt. In der zweiten Hälfte des 18. Jahrhunderts hatte sich der Konvent der Prämonstratenser heillos verschuldet. Deshalb und wegen liederlichen Lebenswandels wurde das Kloster aufgehoben und sein Besitz dem Münchener Damenstift St. Anna einverleibt. 1858 zogen die Nonnen des Maria-Ward-Institutes (Englische Fräulein) in Altenmarkt ein.
Erwerbsmöglichkeiten in Osterhofen bieten kleinere Industrie- und Handwerksbetriebe und nach wie vor auch die Landwirtschaft. In die Radwanderung nach Prag läßt sich Osterhofen-Altenmarkt auf der Rückfahrt mit einbinden. (Siehe hierzu im Wanderführer »Radwanderung München – Prag und zurück«.)

**Osterhofen. Die Jahreszahl 1378 am Gebäude des Heimatmuseums und die Figur des Landgrafen Johann von Leuchtenberg erinnern an die gräfliche Stadterhebung. 1428 wurde die Stadt wittelsbach-bayerisch.**

## Vilshofen, ehemalige Kreisstadt an Donau, Vils und Wolfach

Auch das Stadtgebiet von Vilshofen liegt an drei Flüssen. Südlich am Bahnhofsviertel mündet die aus dem Ortenburger Gebiet daherfließende Wolfach in die Donau. Einige hundert Meter weiter nordwestlich, in der Nähe des Kirchplatzes, vereinigt sich die niederbayerische Vils mit dem Nibelungenstrom.
In Schenkungsurkunden aus dem Jahre 776 taucht der Name Uilusa, der als Vilshofen gedeutet wird, erstmals auf. 1096 hieß der Ort Vilisa, 1110 Filsehouen und in der Urkunde zur Verleihung des Stadtrechts im Jahre 1206 Vilshoven. Stadtgründer war der Lehensträger des Bischofs von Passau, Graf Heinrich I. von Ortenburg (1186–1241). Anlaß dazu gaben Streitigkeiten mit dem Grafen von Bogen um Landbesitz und Vogteirechte. Schon um 1220 werden eine Vilsbrücke und ein Vilshofener Schiffer genannt. 22 Jahre später gab Graf Heinrich II. von Ortenburg (1200–1256) die Stadt Vilshofen als Lehen an die Passauer Kirche zurück, und noch im selben Jahrhundert fiel die Stadt an das herzogliche Bayern. Beim Einfall des Böhmenkönigs Ottokar II. in das Vilstal im Jahre 1257 dürfte auch Vilshofen betroffen gewesen sein. Von Bedeutung für die Stadt wurde der Ritter Heinrich Tuschl von Säldenau. Seine Figur ziert den Brunnen vor dem Rathaus. Er stiftete u.a. 1376 das Kollegiatstift St. Johannes, das bis zur Säkularisation 1803 bestand. Im Landshuter Erbfolgekrieg (1504) verteidigten die Vilshofener ihre Stadt fünf Tage lang erfolgreich gegen 6000 Pfälzer und Böhmen. Bei den Vorbereitungen zur Schlacht am Weißen Berg bei Prag im Jahre 1620 wurde Vilshofen zum Stützpunkt für die vordringenden Truppen Herzog Maximilians.
Das stolz von der Anhöhe westlich der Stadt heruntergrüßende Missionskloster der Benediktiner Schweiklberg mit der doppeltürmigen Abteikirche gründete in den Jahren 1904/05 die Kongregation von St. Ottilien.
An beherrschender Stelle auf der Landzunge zwischen Donau und einmündender Vils steht die prächtig ausgestattete Pfarrkirche St. Johannes. Gegenüber, im Nordwesten, begrenzt das von Bartholomäus Viscardi in den Jahren 1643 bis 1647 erbaute Tor den Stadtplatz. Dieser Stadtturm blieb übrig von den Wehranlagen. Er ist auch heute noch das Wahrzeichen Vilshofens.
Ein Schiff, welches vormittags ablegt, bringt den Pragwanderer von Vilshofen aus über Passau nach Obernzell. Dort beginnen der von mir vorgeschlagene Untere Weg und auch die Radroute nach Prag. Vilshofen ist Aufbruchsort für die Hanna-Route. Sie ist eine Variante des Unteren Weges und verläuft über Eging am See und Tittling, durch das Ilztal und weiter über Waldkirchen zum Grenzübergang nach Haidmühle.

# Der Wachsende Stein von Usterling

NACH der Isarbrücke bei Mamming windet sich die Isar und mit ihr unser Wanderweg zuerst nach rechts und dann in einem langgezogenen Bogen wieder in die Gegenrichtung. Gleich nach dem erneuten Rechtsbogen radeln wir durch eine interessante Wasserlandschaft mit Inseln und kleinen Hügeln. Vor uns, in einer Entfernung von etwa einem Kilometer, taucht oben am Hang eine Dorfkirche mit einem Satteldach auf. Kommen wir ihr näher, so erkennen wir ein kleines Erosionstälchen, das zum Dorf Usterling hinaufleitet. Einen Abstecher zu diesem Kirchlein sollte man auf jeden Fall mit einplanen.

In dem Kunstführer »Mittelalter in Ostbayern« schreibt Beatrix Binder: »Wer wissen will, was niederbayerische Spätgotik ist, der wird künftig auch nach Usterling fahren müssen.« Die Kirche ist ein Sichtziegelbau, der um das Jahr 1500 entstanden sein dürfte. Ihr Kleinod ist ein spätgotischer Flügelaltar, den um 1520/1530 ein unbekannter Künstler geschaffen hat. Er wird als Meister von Reisbach bezeichnet. In der Mitte des Schreins steht links Johannes der Täufer und rechts Johannes der Evangelist. Die Altarflügel stellen in Reliefbildern Ereignisse aus dem Leben dieser Heiligen dar. Die Besonderheit birgt ein Teil der Szene links unten, der die Taufe Jesu durch Johannes zeigt. Der Künstler hat dieses biblische Ereignis in die heimische Landschaft von Usterling verlegt. So etwas geschah öfter und ist eigentlich nichts Besonderes. Das für den Heimatkundler und Naturfreund Wertvolle und Aufschlußreiche ist die Darstellung eines der auch heute noch interessantesten Naturdenkmäler Bayerns vor über 470 Jahren. Auf dem Altarbild tauft nämlich Johannes mit dem Wasser aus der Rinne des Wachsenden Steins. Im Verhältnis zur Größe der dargestellten Personen erkennt man: Dieser wachsende Felsen hatte schon vor fast 500 Jahren eine sehr beachtliche Größe. Ein Holzrohr, welches über die Schlucht führt, zeigt außerdem, daß damals schon einige Bauernhöfe von dorther mit Wasser versorgt wurden. Die Gläubigkeit der ländlichen Bevölkerung, das sakrale Kunstwerk in der Dorfkirche mit dem Wachsenden Stein und die Kunde von der Heilkraft des Wassers aus der Steinernen Rinne verleihen diesem Naturdenkmal einen Schutz, den amtliche Verordnungen nie geben können.

Nun aber zum Johannesfelsen, wie der Stein wegen des Taufbildes auch genannt wird. Schon Philipp Apian bezeichnete in seinem geographischen Werk über Bayern im Jahre 1579 den Wachsenden Stein als wunderbares Naturschauspiel. Nur etwa 150 Meter südöstlich der Kirche und südlich an der Straße nach Zulling und Landau ist er zu finden. Oberhalb und unterhalb der Steinernen Rinne steht je eine Kapelle. Votivtafeln erzählen von Menschen, die in den vergangenen Jahrhunder-

**Usterling bei Landau a.d. Isar. Die biblischen Szenen des spätgotischen Flügelaltars hat der Künstler in die heimische Gegend verlegt: Johannes tauft Christus mit dem Wasser aus der Rinne des Wachsenden Steins.**

**Usterling. Östlich des Dorfrandes und südlich der Straße ▷ nach Landau ist dieser etwa tausend Jahre alte Wachsende Stein anzutreffen. Ausmaße: Länge 25,5 m; Breite bis 1,2 m; Höhe bis 4,7 m.**

ten hierherpilgerten und Heilung ihrer Augenleiden suchten. Vor allem im Juni zu Johanni war dies zur Tradition geworden. Bis in die 30er Jahre unseres Jahrhunderts lebte hier ein Einsiedler. Er versah den Mesnerdienst in der nahen Kirche, und ihm oblag auch die Pflege der Steinernen Rinne. Dazu gehörte das Reinigen, um das ungehinderte Abfließen des Wassers zu ermöglichen, andererseits aber auch das Absperren des Zuflusses bei Frostperioden, um das Aufspringen des Steines durch Eisbildungen zu verhindern. Bei Einsturzgefahr wurde mit Hilfe von Mauerwerk am Steinfuß die statische Sicherheit wiederhergestellt. Diese Pflegearbeiten sind auch jetzt noch Aufgabe des Mesners. Wer die Kirche besuchen will, wende sich an die zuständige Mesnerin, die im östlich der Kirche gelegenen Haus wohnt.
Jetzt aber endlich zu der Frage: Wie kommt es dazu, daß ein Stein neu entstehen und so in die Höhe wachsen kann? Als erstes gilt es, die vorhandenen Bodenverhältnisse zu erkennen. Der Hang beim Wachsenden Stein besteht im unteren Teil, und zwar bis zur Höhe, wo das Wasser aus dem Boden tritt, aus hellgrauem Mergel. Er entstand in einem See, der sich vor etwa 15 Millionen Jahren hier ausbreitete. Dieser helle Seeton ist dicht gelagert und läßt kein Wasser durchsikkern. Er sorgt für das Austreten der Quelle. Darüber lagert durchlässiger Schotter aus Kalkstein. Den Abschluß nach oben bildet eine Schicht aus Süßwasserkalk. Das Regenwasser, welches zuerst in die belebte Oberschicht des Bodens eindringt, nimmt beim Durchsickern Kohlendioxyd ($CO_2$) aus dem Stoffwechsel der Kleinsttiere und aus der Atemtätigkeit der Pflanzenwurzeln auf. Dabei entsteht eine schwache Kohlensäure. Die chemische Formel hierfür ist: $H_2O + CO_2 \rightarrow H_2CO_3$. Beim weiteren Durchsickern dieser leichten Säure durch den Süßwasserkalk und den Kalkschotter wird Kalk bei Bildung von Kalziumbikarbonat gelöst [$CaCO_3 + H_2CO_3 \rightarrow Ca(HCO_3)_2$]. Es ist verständlich, daß der Kalkgehalt im Wasser um so größer wird, je länger die Flüssigkeit im kalkhaltigen Boden verweilt und je belebter der Oberboden ist. Zwischen diesem im Wasser gelösten Bikarbonat, der Kohlensäure und dem physikalisch gelösten Kohlendioxyd besteht ein Gleichgewicht. Es ist von der Wassertemperatur und dem herrschenden Druck abhängig. Wenn nun das Wasser aus dem Boden tritt, so zerfällt dieses Gleichgewicht, und ein Teil des physikalisch gelösten Kohlendioxyds entweicht wieder in die umgebende Luft. Dadurch löst sich auch die Verbindung Kohlensäure und es entstehen wieder die Teile Wasser und Kohlendioxid. Da die Menge des gelösten Kalks (Kalziumbikarbonat) von der in Lösung befindlichen Kohlensäure abhängig ist, fällt damit auch wieder Kalk aus. Die chemischen Formeln hierfür:
Zerfall der Kohlensäure beim Austritt des Quellwassers: $H_2CO_3 \rightarrow H_2O + CO_2$ (letzteres entweicht).
Ausfall des unlöslichen Kalziumkarbonates: $Ca(HCO_3)_2 \rightarrow H_2CO_3 + CaCO_3$.
Fällt dieser Kalk ohne Beteiligung von Pflanzen aus, so entstehen weiße, schmierige Kalke.
Erst wenn Moose und Algen mithelfen, kommt es zur Bildung von rauhem, porösem Gestein, dem sogenannten Tuff. Man spricht von Moostuffen, Algentuffen und auch von Mischtuffen. Die feingegliederten Moose, die zu den Laub- und Lebermoosen gehören, vergrößern die Oberfläche, an der das Wasser mit Luft in Berührung kommt. Damit tragen sie verstärkt zum Kalkausfall bei. Bei der Verkrustung ist der ungefähre Habitus des jeweiligen Mooses noch zu erkennen. Durch ein Weiterwachsen bleiben die Moose am Leben. Moostuff ist im Gegensatz zum Algentuff großporig.
Die Tuffbildner unter den Algen kommen aus den Familien der Grün- und Blaualgen sowie der Schlauch- und Schmuckalgen. Die Algen besitzen nicht den lockeren und verzweigten Aufbau der Moose. Durch die Assimilierung entziehen sie dem Wasser Kohlendioxyd. Dies bewirkt im kalziumbikarbonathaltigen Wasser das Ausfällen von Kalk. Es kommt vor, daß die Algen völlig einkrusten. Meist aber können sie durch verstärktes Wachstum dem Pflanzentod entrinnen. Tuff ist im Gegensatz zu Sinter (Beispiel Stalaktiten) im sogenannten bergfeuchten Zustand weich und schneidefähig. Ausgetrocknet ist er wesentlich leichter und auch fest und witterungsbeständig.
Die gröberen Moostuffe befinden sich mehr am Rande der Steinernen Rinne und die dichter gelagerten Algentuffe in der Mitte. Dadurch bildet sich das wasserführende Gerinne mit den Dämmen an den Seiten. Das Wachstum der Tuffe wird bei Blaualgen mit ein bis zwei Millimetern im Jahr angegeben. Bei Mischtuffen konnten aber auch schon elf Millimeter jährlich gemessen werden.
Das Alter des Wachsenden Steines von Usterling wird auf mindestens 800 Jahre geschätzt. Seine Länge mißt 25,5 Meter. Am Grund ist er 0,7 bis 1,2 Meter breit, an der Krone vier bis fünf Zentimeter. Die größte Höhe beträgt 4,7 Meter, wobei im letzten Drittel auf einer Länge von 14 Metern die Höhe nicht unter 3,7 Meter absinkt. Am Ende erhebt sich die Felsnase noch 2,2 Meter über den Boden. Dort speist das Wasser aus der Rinne den Schluchtbach.
Diesen Ausführungen liegen neben eigenen Beobachtungen in erster Linie die wissenschaftlichen Arbeiten von Herrn Wolfgang Voigtländer aus Gröbenzell zugrunde. (Siehe hierzu die Angaben im Literaturnachweis.)

# Das Donautal – Kultur- und Schicksalsraum Europas

Das Isarwasser und der flußbegleitende Grüngürtel leiten uns von Bayerns Landeshauptstadt zur Kornkammer Bayerns. Mit dem Donautal erreicht der Wanderer den bedeutendsten Kultur- und Schicksalsraum Europas. An der ersten Besiedelung des mitteleuropäischen Kontinents dürften Menschen beteiligt gewesen sein, die, aus dem Orient kommend, das Donautal aufwärts zogen. Während der ersten Jahrhunderte unserer Zeitrechnung endete an der oberen Donau das Weltreich der Römer. Sie tauften den Fluß »Danubius«. In späteren Jahrhunderten bedrohten die aus dem Südosten anstürmenden Hunnen und Türken das christliche Abendland. Durch die Heldensage von Siegfried und Kriemhilde, die um das Jahr 1200 am Bischofshof in Passau entstand, wurde die Donau zum Strom der Nibelungen. An Faßbarem liegt der Sage das ostgermanische Volk der Burgunder zugrunde, das in der zweiten Hälfte des 4. Jahrhunderts um Worms am Rhein ein Reich gründete und 436 im Kampf gegen hunnische Söldner im römischen Dienst vernichtend geschlagen wurde. Belegbar ist auch König Etzel als Attila. Er war der Herrscher des letzten großen Hunnenreiches und starb 453. Und vermutlich verwob der Dichter in seine Sage auch die Schlacht bei Preßburg im Jahre 907. Die Bayern waren damals die Donau hinabgezogen. Sie wurden geschlagen und verloren damit Pannonien.

**Das weite Donautal bei Osterhofen. Im Hintergrund ragen die dunkelblauen Berge des vorderen Bayerischen Waldes hervor. Nach der Wolga (3688 km) ist die Donau mit 2860 km der zweitgrößte Fluß Europas.**

Die Donau ist mit ihrer Länge von 2860 Kilometern nach der Wolga (3688 Kilometer) der zweitgrößte Fluß Europas. Ihre Strecke in Deutschland mißt 647 Kilometer. Über ihre Quellflüsse lernt man schon in der Schule: »Brigach und Breg bringen die Donau zuweg.« Die genannten Wasserläufe vereinigen sich in Donaueschingen, und da eine halbe Gehstunde oberhalb des Zusammenflusses im Schloßpark eine starke Karstquelle mit Wasser von der Breg sprudelt, erreichten die Donaueschinger 1981, daß diese offiziell als Donauquelle anerkannt wurde. Doch nichtsdestoweniger gilt bei vielen Heimatfreunden der Ursprung des wasserreichsten und längsten Quellarms nach wie vor als die wahre Donauquelle. Entsprechend ist auch seit langer Zeit an der Bregquelle, die 1078 Meter hoch liegt, ein Hinweis angebracht. Er basiert ebenfalls auf einer offiziellen Erklärung, die auf das Jahr 1683 zurückgeht. Genauso strittig ist übrigens auch der Standort der Isarquelle. Herodot, der »Vater der Geschichtsschreibung«, der etwa von 485 bis 425 vor Christus lebte, machte sich's da einfacher. Er schrieb, die Donau beginne bei den Kelten. Im Gegensatz zum römischen Danubius sind Brigach und Breg keltische Namen. Wie ein trotziges Kind versucht die junge Donau einige Male, durch Versickern vom rechten Weg abzuweichen.

Auf deutschem Gebiet sind die linken Nebenflüsse und die ihrer Mündung zunächst liegenden Orte:

| *Flüsse:* | *Mündung:* |
|---|---|
| Schmeie | oberhalb von Inzigkofen |
| Lauchert | in Sigmaringen-Dorf |
| Zwiefalter Ach | oberhalb von Obermarchtal |
| Große Laufer | in Obermarchtal |

| *Flüsse*: | *Mündung*: |
|---|---|
| Blau | in Ulm |
| Brenz | oberhalb von Lauingen |
| Wörnitz | in Donauwörth |
| Altmühl | in Kelheim |
| Naab | oberhalb von Regensburg |
| Kinsach | unterhalb von Bogen |
| Hengersberger Ohe | in Niederalteich |
| Ilz | in Passau |

Die rechten Nebenflüsse sind:

| *Flüsse*: | *Mündung*: |
|---|---|
| Ablach | unterhalb von Sigmaringen |
| Kanzach | unterhalb von Riedlingen |
| Riß | oberhalb von Ulm |
| Iller | oberhalb von Neuulm |
| Günz | oberhalb von Günzburg |
| Mindel | oberhalb von Gundremmingen |
| Zusam | in Donauwörth |
| Lech | oberhalb von Marxheim |
| Paar | unterhalb von Großmehring |
| Ilm | in Neueining |
| Große Laaber | oberhalb von Straubing |
| Isar | unterhalb von Deggendorf |
| Vils | in Vilshofen |
| Wolfach | in Vilshofen |
| Inn | in Passau |

**Gegenüber der Wanderin mündet die Isar in die Donau. Nach der Quelle im Karwendel durcheilt der reißende Fluß zuerst die nördlichen Kalkalpen, dann die Voralpenlandschaft und schließlich das tertiäre Hügelland.**

◁ **In Passau fließen Inn und Ilz in die Donau. Durch diese Zuflüsse wird der 100 Meter breite Fluß zu einem Strom mit einer Breite von etwa 350 Metern.**

Im weiteren Verlauf sind die drei größten Zuflüsse: von rechts kommend die Drau, die Save und von links zufließend die Theiß. Durch all diese Verstärkungen verbreitert sich die Donau von 100 Metern bei Ulm auf etwa 350 Meter in Passau. Im ungarischen Tiefland und in der Walachei wird sie gar bis 2000 Meter breit. Entsprechend wächst die Wasserführung von 300 Kubikmeter pro Sekunde bei Ingolstadt auf 1420 hinter Passau, auf 2400 bei Budapest und schließlich auf 6300 vor der Aufspaltung in ihre Mündungsarme Kilija, Sulina und St. Georg. Der Einzugsbereich der Donau umfaßt 817000 Quadratkilometer (56215 Quadratkilometer auf deutschem Gebiet). Damit entwässert sie südlich ihres Laufs große Teile der Ostalpen, des Dinarischen und des Balkangebirges; nördlich ihres Weges die südlichen Teile der Alb (Jura), des Fichtelgebirges, des Böhmerwaldes, der Tatra und der Karpaten.

**Die Autobahnbrücke über die Donau bei Deggendorf. Dahinter erkennt man Vorberge des Bayerischen Waldes. Unterhalb des Parkplatzes (Fahrbahn Richtung Passau) hat man einen herrlichen Blick auf die Isarmündung.**

Landschaftlich besonders reizvoll sind ihre Gebirgsdurchbrüche. Am bekanntesten davon sind der Albdurchbruch bei Weltenburg und die Engtalstrecke des Eisernen Tores in den Südkarpaten. Aber auch das schmale Tal in der Schwäbischen Alb und die Weinlandschaft der Wachau strahlen Romantik aus. Viele der berühmten und uralten Städte am Fluß entstanden aus Befestigungsanlagen zur Abwehr von Feinden und als Schutz für Übergänge. Nach Deutschland und Österreich durchfließt oder berührt der Strom die Slowakei, Ungarn, Serbien, Rumänien, Bulgarien und die Ukraine. In einem großen Delta östlich der Stadt Tulcea mündet die Donau schließlich in das Schwarze Meer.

Früher belebten Flöße und einfache Schiffe wie die »Ulmer Schachtel« den Wasserlauf. Jahrhunderte hindurch, bis zum Herbst 1826, transportierten Schiffe das Reichenhaller Salz von Passau über Regensburg und weiter naab- und vilsaufwärts bis Amberg. Auf der Rückfahrt waren diese 23 Meter langen und drei Meter breiten Amberger Schiffe mit oberpfälzischem Eisen und fränkischem Wein beladen. Donauaufwärts wurden sie bis Ulm getreidelt. Im frühen Mittelalter war die Schiffahrt auf der gesamten Donau eine Domäne der Deutschen. Nach ihrem Vordringen beherrschten die Türken den Strom von der Mündung bis Budapest. Das erste Dampfschiff fuhr auf der Donau im Jahre 1837. Der 43 PS starke Raddampfer »Stadt Donauwörth« mit einer Länge von 40 Metern und einer Breite von dreieinhalb Metern fuhr im Mai 1850 von München aus die Isar hinunter bis zur Donau. Für 44 000 Gulden hatte ihn die Maffeische Maschinenfabrik gebaut. Heute transportieren lange Lastkähne schwere Güter, und Linien- und Ausflugschiffe dienen dem Tourismus. Ab Kelheim ist die Donau (und bald auch der neue Kanal) für die genormten Europaschiffe befahrbar. Eines von ihnen kann 1350 Tonnen Güter transportieren. Dieser Frachtraum entspricht 50 bis 60 Güterwagons. Der alte Ludwigskanal, der 1845 unter König Ludwig I. eröffnet wurde, sollte nur wenige Jahre befahren werden. Da auf ihm nur Schiffe mit einer maximalen Last von 100 Tonnen zugelassen waren, konnte er mit der neu erfundenen Eisenbahn nicht konkurrieren. Mit der Eröffnung des neuen Kanals ging zum zweiten Mal ein Plan in Erfüllung, den schon Karl der Große von 1200 Jahren hegte.

Um die Menschen vor Hochwasser zu schützen und die Wasserkräfte sowie das Umland optimal wirtschaftlich nutzen zu können, wurde viele Jahre hindurch kostbare Natur geopfert. Erst in den letzten Jahren erkennt der Mensch, daß er nur dann erfolgreich wirtschaften kann, wenn er die Regeln und Gesetze der Ökologie nicht verletzt. Eines der wichtigsten Gebote ist dabei, keine Lebensräume gefährdeter Tier- und Pflanzenarten zu vernichten, denn jedes Mitgeschöpf hat im Naturhaushalt eine Aufgabe zu erfüllen. Leider wird dagegen auch heute noch allzuoft gedankenlos und egoistisch verstoßen. Die Zeiten, da es in der Donau von Fischen nur so wimmelte, sind leider Vergangenheit. Noch gibt es aber Naturparadiese am Strom mit seltenen Pflanzen und vielen Tieren. Dazu zählen in Österreich Reste im Tullner Feld und im Marchfeld, in der Slowakei die Vogelinsel Große Schütt und in Rumänien die Wildnis des weitverzweigten Mündungsdeltas am Schwarzen Meer, wo sogar noch Pelikane zu Hause sind. Bescheiden dagegen, aber für unser dichtbesiedeltes Bayern nicht minder wichtig sind die 70 Kilometer weitgehend natürlicher Flußstrecke von Straubing bis Vilshofen. Hier, in der Produktionslandschaft des Gäubodens, gibt es noch wertvolle Feuchtbiotope mit einer Vielzahl vom Aussterben bedrohter Tier- und Pflanzenarten. Noch prägt hier neben den großen Weizen-, Mais- und Zuckerrübenfeldern der wasserreiche Fluß mit seinem Lebensrhythmus die Landschaft. Noch brüten hier am Fluß in ansehnlicher Zahl der Große Brachvogel, die Uferschnepfe und der Rotschenkel. Noch finden hier Tausende von Zugvögeln Überwinterungsquartiere. Noch laichen hier die bedrohten Fischarten wie Frauennerfling, Schrätzer, Streber und Huchen, und noch wirken die Renaturierungsmaßnahmen im 800 Hektar großen Naturschutzgebiet »Isarmündung«, die mit Hilfe von 20 Millionen Mark aus Steuermitteln gefördert wurden.

All dies wird durch vorliegende Planungen und Absichten in Frage gestellt. Das meiste wird vernichtet, wenn die Staustufen unterhalb des Bogenberges und bei Osterhofen sowie der zehn Kilometer lange Kanal oberhalb von Vilshofen und die damit zusammenhängenden Dämme und Entwässerungseinrichtungen gebaut werden. Noch – Stand: Februar 1994 – sind es Planungen der Rhein-Main-Donau-AG und des Bundesverkehrsministeriums in Bonn.

**Donauschiffe vor der Anlegestelle Obernzell. Links ist die doppeltürmige Rokokokirche und rechts über den Bäumen das ehemals fürstbischöfliche Wehrschloß (jetzt Keramikmuseum) erkennbar.**

# Der Bayerische Wald und der Böhmerwald – Šumava, die rauschende Landschaft

*Wasser springen über runde Steine aus Granit,*
*Rauschen um die Wette mit den Wipfeln*
*Šumavas.*
*Träume fliegen zu den Wolken im Zenit,*
*Ruh ich nach langem Weg im hohen Gras.*

Die Zeilen flogen mir in den Sinn bei der Erinnerung an meine Wanderungen entlang der Bergbäche in den großen Wäldern um Lusen, Libín und Dreisessel. Nirgendwo erlebte ich eine stillere Landschaft mit Mooren und Streuwiesen, die so erfüllt waren mit bunten Schmetterlingen, wie in den Tälern der Warmen, der Grasigen und der Kalten Moldau. Die Sperrung großer Bereiche entlang des ehemaligen Eisernen Vorhangs ließ weitläufige Naturparadiese entstehen, die anderswo kaum mehr zu finden sind. Sie sollte man nur zu Fuß durchwandern, denn erstens ist dies am naturfreundlichsten, und zweitens sind nur bei dieser Fortbewegungsart die engen Kontakte mit Pflanzen, Tieren und auch Menschen möglich. Auf bayerischer Seite eröffnete Staatsminister Eisenmann im Jahre 1970 den Bayerischen Nationalpark. Von den 130 Quadratkilometern Gesamtfläche wurden 80 jeglicher menschlichen Nutzung entzogen. Hier fällt kein Schuß und heult keine Motorsäge mehr. Die ursprünglichen Gesetze eines Waldes mit Wachsen und Vergehen gelten hier wieder. Auf der Wanderung München–Prag entlang des Oberen Weges durchqueren wir den Nationalpark in seiner ganzen Breite. Auf dem Unteren Weg erleben wir das Waldland Adalbert Stifters um den Dreisessel. Stifter, der 1805 in Oberplan geboren wurde und 1868 in Linz starb, schrieb schon: »Bau an dieser Stelle kein Haus, du tätest dem Wald in seinem Herzen damit wehe und tötest sein Leben ab… und zünde später auch das hölzerne Gebäude an, streue Kräutersamen auf die Stelle, damit sie wieder lieblich werde und der Wald über euer Dasein nicht seufzen müsse…«

Die Tschechen haben auf böhmischer Seite 1963 ihr größtes Landschaftsschutzgebiet eingerichtet. Es umfaßt 980 Quadratkilometer; davon sind etwa ein Viertel Hochebenen mit Mooren, Streuwiesen und Wäldern. Sie liegen zwischen 1 000 und 1 100 Meter hoch. Daraus ragen mit weitgeschwungenen Linien die Waldberge. Kerngebiete sind folgende Naturreservate:

**Ausblick vom Gipfel des Lusen (1373 m). Weitgeschwungene blaue Woge schwingt sich hinter Waldeswege, bis in weiter Ferne eine scheidet Himmel und Erde (frei nach Adalbert Stifter).**

**Ausblick vom Hochstein (1332 m) in den Böhmerwald. Links oben ist der Bobik (1264 m) zu sehen, rechts daneben die freien Flächen um Volary.** ▷

1. Lipka, Jezerni slat' (von slatina = Moor)
2. Bukova slat'
3. Boubinský prales, am Kubany
4. Mrtvý luh (= tote Wiese), Niedermoor am Zusammenfluß von Warmer und Kalter Moldau
5. Trojmezná hora (hora = Berg)
6. Lipka

Im Mai 1991 erfüllte sich ein Traum der Naturschützer. Das Herz des Böhmerwaldes von Eisenstein entlang der bayerischen Grenze bis hinunter zum Hochfeld bei Göckelberg wurde Nationalpark. Er umfaßt 690 Quadratkilometer und wird eingefaßt vom Landschaftsschutzgebiet. Die UNESCO erkannte

**Im Böhmerwald (Šumava) am Nordabhang des Tussetberges (1065 m). Vor dem Zweiten Weltkrieg führte hier vom Dorf Guthausen (Dobra) ein Kreuzweg hinauf zur vielbesuchten Tussetkapelle.**

**»Dies ist nicht ein Wald wie sonst einer, der Böhmische Wald. Er ist so schwarz wie sonst keiner, und es hat ihn noch keiner gemalt, wie er ist.« Georg Britting**

diesen zusammenliegenden Schutzbereich als »Biosphärenreservat Böhmerwald« an. Die tschechische Nationalparkverwaltung wurde in Winterberg eingerichtet. Sitz des Bayerischen Nationalparks ist Grafenau (Tel. 0 85 52/20 77).

Das zusammenhängende Waldgebiet auf tschechischer und bayerischer Seite bedeckt über 2000 Quadratkilometer, und fast 700 sind von keiner frei befahrbaren Autostraße durchschnitten. Im dichtbesiedelten Mitteleuropa ist dies einmalig und von unschätzbarem Wert. Das Urwaldreservat am Boubín (Kubany) mit 1,41 Quadratkilometer Größe ließ Fürst Schwarzenberg schon im Jahre 1858 unter Schutz stellen. 100 Jahre später erweiterte man den Schutzbereich auf sechs Quadratkilometer. Der Obere Weg führt an diesem Urwald entlang auf den 1362 Meter hohen Gipfel. Auf beiden Routen nach Prag durchquert der Wanderer den Kernbereich des Böhmerwaldes.

Seit den Zeiten des hl. Gunther (um das Jahr 1000), in mehreren Abschnitten, rodeten und siedelten Deutsche im Bayerischen und im Böhmerwald (siehe hierzu auch die Kapitel »Prachatitz und sein Kreis« und »Guthausen, ein Dorf im Böhmerwald«). Die Besiedelung Böhmens durch slawische Stämme vollzog sich im wesentlichen im Böhmischen Kessel und in seinen Randgebieten, nicht aber in den Hochlagen der Grenzgebirge. Aufschlußreich ist es, anhand von Inschriften auf verbliebenen Gedenk- und Grabsteinen und in alten Chroniken der vielhundertjährigen Geschichte der Böhmerwäldler nachzugehen. Im Gelände sind es oft nur mehr Steinhaufen, Ruinen und Gartengehölze, die Hinweise auf einst mühsam besiedelte und durch lange Zeiten blühende Heimstätten geben.

Vor der nationalistischen Zeit des 19. Jahrhunderts bezeichneten die Menschen den ganzen Gebirgszug von der Senke bei Waldsassen am Fichtelgebirge bis zum Kerschbaumer Sattel in Oberösterreich als Böhmerwald. Sollte man jetzt, da dieses ganze Gebirge wieder zugänglich ist, nicht zu dieser alten Bezeichnung zurückkehren? Wie in den Alpen könnten dann die verschiedenen Bergstöcke nach geographischen Gesichtspunkten benannt werden. Jetzt versteht man unter Böhmerwald den tschechischen Gebirgsteil, der von der Senke bei Furth im Wald bis unterhalb des Moldauknies bei Hohenfurt reicht. Jenseits der Grenze heißt dasselbe Gebirge Bayerischer Wald und nördlich der Further Senke Oberpfälzer bzw. Tsche-

chischer Wald. Schon die Römer nannten diesen Gebirgszug mit einem keltischen Wort »Herzynischen Wald«. Das Wort »herzynisch« bezeichnet eine geotektonische Verlaufsrichtung von Gebirgen. In der Regensburger Schenkungsurkunde des Königs Heinrich II. an das Passauer Kloster Niedernburg (1010) steht für das Waldgebirge »Nortuualt«, was soviel wie Nordwald heißt. Aus dem Jahre 1126 stammt der Name »Behaime walt«. 1204 taucht dann schon der Name »Boehmerwald« auf und 1491 die lateinische Bezeichnung »Silva bohemie«. Poetisch, melodisch und vielsagend ist das tschechische Wort »Šumava« (Š = Sch). Es leitet sich ab von »šumět« (rauschen) und wird von den Tschechen seit dem 16. Jahrhundert gebraucht. Schon dieser Name erinnert an das Waldes- und Wasserrauschen. Auch in der Tschechoslowakei ist der offizielle Name für den Gebirgsteil im Norden »Český les«, also tschechischer Wald. Das bayerische Gegenstück ist der Oberpfälzer Wald.

Bis in die Zeit der Kaiserin Maria Theresia war die Landesgrenze in den großen Waldungen nicht genau festgelegt. Saumpfade und Handelswege verbanden aber schon seit eh und je die beiden Länder Bayern und Böhmen.

Der Böhmerwald ist wesentlich älter als die Alpen. Letztere entstanden im Tertiär vor 60 Millionen Jahren, das bayerisch-böhmische Grenzgebirge hingegen schon vor mehr als 600 Millionen Jahren. Dreimal höher als jetzt sollen damals die Gipfel gewesen sein. Wie die Geologen berichten, durchschlug im Karbon vor 250 Millionen Jahren eine Schmelze aus Granitmagmen das alte Gebirgsdach. Schon vor 200 Millionen Jahren, also lange vor der Alpenauffaltung, setzten die Abtragung und Ausformung ein. Wie die Alpen, so verformten auch den Böhmerwald die sechs Kaltperioden mit ihren Vergletscherungen. Sie begannen vor einer Million Jahren, wurden unterbrochen durch Zwischeneiszeiten und endeten vor 10 000 Jahren. Danach entwickelte sich die jetzige Pflanzenwelt. Ursprünglich waren nur der Boden und das wechselnde Klima ausschlaggebend für Flora und Fauna. Doch im Laufe der Jahrhunderte und vor allem während der letzten Jahrzehnte griff immer mehr der Mensch in das Gefüge und den Haushalt der Natur ein. Meist nicht zum Vorteil der Umwelt, wie ja sattsam bekannt ist. Schöner und häufiger als in den Alpen sind im Böhmerwald die tiefwinterlichen Rauhreifbilder an den Bäumen und Felsen in den Hochlagen. Unvergeßlich sind auch die lieblich geschwungenen tiefblauen Waldrücken. Wie Meereswogen liegen sie von den Gipfeln des Hochsteins, des Libíns und des Lusens zu Füßen des Wanderers. Der Regensburger Georg Britting schrieb: »Dies ist nicht ein Wald wie sonst einer, der böhmische Wald. Er ist so schwarz wie sonst keiner, und es hat ihn noch keiner gemalt, wie er ist.« Entzückend sind im Frühjahr die zarten Blüten der Soldanellen. Die bizarren Felsfiguren zwischen altersgrauen Tannen erinnern oft an Sagengestalten. Sicher ist der Böhmerwald nicht so arten- und abwechslungsreich wie die viel höheren und geologisch vielgestaltigeren Alpen. Seine herbe und stille Schönheit erschließt sich langsamer. Am schönsten haben ihn Dichter wie Adalbert Stifter, Karel Čapek, Max Peinkofer, Siegfried Vegesack, Max Schmidt (genannt »Waldschmidt«), Hans Watzlik, Emerenz Meier und andere beschrieben. Besonders die beiden Letztgenannten wurden, wie all die vertriebenen Böhmerwäldler, vom Schicksal arg gebeutelt. Die Emerenz, wie sie kurz genannt wurde, paßte vielen nicht in ihr Weltbild. Voller Heimweh starb sie 1928 fern von ihrem geliebten Wald im amerikanischen Chikago. Ihr liebstes Gedicht war:

*Mein Wald – mein Leben*

*Ich sah den Wald im Sonnenglanz,*
*Vom Abendrot beleuchtet,*
*Belebt von düstrer Nebel Tanz,*
*Vom Morgentau befeuchtet:*
*Stets blieb er ernst, stets blieb er schön,*
*Und stets mußt ich ihn lieben.*
*Die Freud an ihm blieb mir bestehn,*
*Die andern all zerstieben.*

*Ich sah den Wald im Sturmgebraus,*
*Vom Winter tief umnachtet,*
*Die Tannen sein in wirrem Graus*
*Vom Nord dahingeschlachtet.*
*Und lieben mußt ich ihn noch mehr,*
*Ihn meiden könnt ich nimmer.*
*Schön ist er, düsterschön und hehr,*
*Und Heimat bleibt er immer.*

*Ich sah mit hellen Augen ihn,*
*Und auch mit tränenvollen;*
*Bald hob er meinen frohen Sinn,*
*Bald sänftigt er mein Grollen.*
*In Sommersglut, in Wintersfrost*
*Konnt er mir nicht mehr geben.*
*So gab er meinem Herzen Trost,*
*Und drum: Mein Wald – mein Leben.*

**Entlang der munter daherspringenden kleinen Ohe zieht ▷ der Wanderweg hinauf über die Martinsklause und das Teufelsloch zum sagenumwobenen Lusengipfel (1373 m).**

# Wegbereiter Sankt Gunther

VOR 1000 Jahren wuchs in Thüringen ein Sohn des Reichsgrafen von Schwarzenburg auf. Er war der Vetter des späteren Kaisers Heinrich II. des Heiligen. Erfüllt von der religiösen Erneuerungsbewegung der damaligen Zeit, verzichtete er auf irdische Macht und reichen Besitz. Mit seinem Wunsch, ein einfacher Mönch zu werden, wandte er sich an Gotthard, den Abt des Stiftes Hersfeld. Da aber die Grafen von Schwarzenburg große Schenkungen an das Kloster Hersfeld gemacht hatten, befürchtete Gotthard, bei einem Eintritt Gunthers in das Hersfelder Kloster Schwierigkeiten mit den mächtigen Verwandten zu bekommen. So verwies der Abt den Grafensohn an das reichsunmittelbare Kloster Altach, das jetzige Niederalteich. Es war im Jahr 731 oder 741 am Fuß des Nordwaldes unweit der Donau unter Herzog Odilo gegründet worden. Die ersten Mönche kamen von der Bodenseeinsel Reichenau. Gotthard hatte ab 996 als Abt des Klosters Altach dessen zweite Blütezeit eingeleitet. Gunther pilgerte zuerst zu den Gräbern der Apostelfürsten nach Rom. Nach der Rückreise legte er in der Klosterkirche zu Altach am Altar des Reichspatrons, des hl. Mauritius, seine Waffen nieder und begann damit das einfache Leben eines Mönches.

Sein Noviziat absolvierte er in den Jahren 1006 und 1007. Danach erfüllten die Klosteroberen seinen Wunsch und versetzten ihn als Leiter nach Göllingen, einem Zweigkloster von Hersfeld. Nach Enttäuschungen und Schwierigkeiten, die er dort erfuhr, kehrte er aber bald wieder an die Donau nach Altach zurück. Doch auch hier fand er im behüteten Leben hinter Klostermauern keine ausreichende Befriedigung.

Nach einem Jahr bat er den Abt, als Einsiedler in den Nordwald gehen zu dürfen. Zuerst erbaute er sich oberhalb des jetzigen Dorfes Ranzing am Rande des Lallinger Winkels eine Klause. Auf einer Holzstele nahe einem Felsen im Wald ist dort zu lesen: »Von 1008 – 1011 lebte der selige Gunther als Eremit an diesem Ort. Er wollte Gott dienen, den Wald roden und Wege bauen. 1012 gründete er das Kloster Rinchnach...« Auch in Rinchnach sah er die körperliche Arbeit als Buße und Selbstheiligung des Menschen. Seine Mitschüler, die er in Rinchnach aufnahm, mußten vorher das strenge Noviziat in Altach absolviert haben. Die Grafen von Vornbach unterstützten diese Pionierarbeit. Sie herrschten über den Künzing- und Schweinachgau und waren die Vögte von Altach. In einer Urkunde aus dem Jahr 1029 wird ein Verkehrsweg genannt, den Gunther von Altach über Rinchnach bis nach Böhmen hinein bauen ließ. Auf dieser sogenannten Bayernstraße folgten in den darauffolgenden Jahrhunderten deutsche Siedler bis in das Tal der Otava. Die von Gunther angelegten Wege im Waldgebirge wurden noch lange Zeit nach ihm benannt.

Nach diesen Pionierarbeiten im Böhmerwald folgte Gunther dem Ruf seiner Base Gisela nach Ungarn. Sie hatte als Schwester Heinrichs II. den Ungarnkönig Stephan geheiratet. Mit der Förderung durch das Königspaar gründete Gunther in den Urwäldern der Gebirge Bakony und Wertesch zahlreiche Klöster. Nach diesen erfolgreichen Missionsarbeiten beauftragten die deutschen Fürsten auf dem Königstag von Magdeburg im Jahr 1017 Gunther mit der Missionierung der Liutizen. Dieser slawische Volksstamm lebte im Norden des Reiches im Wirkungsbereich des ottonischen Erzbistums Magdeburg. Es scheint, daß Gunther ihn damals nicht für das Christentum gewinnen konnte.

Seine hohe Abstammung, vor allem aber seine Persönlichkeit und seine ausgezeichneten Kenntnisse in der slawischen Sprache ließen Gunther zum Vermittler auf höchsten Ebenen werden. Im Jahr 1034 erreichte er beim böhmischen Herzog Udalrich (Herzog 1012–1033), daß sein Sohn Bretislaus (Herzog 1034–1055), der des Treuebruchs bezichtigt und deshalb verbannt worden war, wieder an den Hof nach Prag zurückkehren durfte. Als einige Jahre später Kaiser Heinrich III. (Kaiser 1039–1056) und Bretislaus als böhmischer Herzog gegeneinander kämpften, erreichte Gunther durch seine Vermittlungstätigkeit im Jahr 1040 einen Waffenstillstand. Wie hoch Gunther in der Gunst des Kaisers stand, belegt eine Urkunde von 1040, in der Heinrich III. die Kirche in Rinchnach mitsamt dem dazugehörigen Besitz dem Kloster Altach schenkt. In Verbindung damit wird auch Gunthers Leben kurz beschrieben. Darin werden die Verdienste des Benediktinermönches aus Altach unter den drei Kaisern (Heinrich II., Konrad II. und Heinrich III.) hervorgehoben. Dieser Brief ist lateinisch und mit der deutschen Übersetzung in der »Geschichte der Abtei Niederalteich« von Georg Stadtmüller enthalten. Der Neudruck aus dem Jahre 1986 liegt

**Niederalteich. Die beiden Türme der Klosterkirche. In dem 741 gegründeten Kloster Altach wird 1006 der Grafensohn Gunther Mönch. Von hier aus geht er als Einsiedler in den großen Wald.**

neben anderen Quellen diesem Artikel zugrunde. (Siehe hierzu auch das Literaturverzeichnis.)

Nach seinem Missionierungsversuch bei den Liutizen war Gunther wieder in den Böhmerwald zurückgekehrt. Seine Jugend in den Waldbergen Thüringens und die Jahre als Einsiedler im tiefen, damals noch unerschlossenen Böhmerwald hatten ihn sicher stark geprägt. Er war der Waldnatur Šumava tief verbunden. In Gutwasser (Dobra Voda) bei Hartmanitz, 16 Kilometer nordöstlich von Eisenstein, starb Gunther im Jahr 1045. So angesehen war er am Hof zu Prag, daß Herzog Bretislaus seinen Leichnam in das nahe bei der Hauptstadt liegende Kloster Břevnov überführen ließ. Der Oberbayer Christoph Dientzenhofer schuf 1708 den Neubau der Abtei, und sein Landsmann Cosmas Damian Asam schilderte 1728 mit seinen Fresken im Prälatensaal Begebenheiten aus dem Leben des Böhmerwaldheiligen.

Etwa eine halbe Gehstunde südwestlich von Gutwasser trägt ein 1006 Meter hoher Felsriegel seinen Namen. Eine Kapelle am Fuß des Guntherberges erinnert an die Einsiedelei, und ein Steig zwischen dem Steindlberg (1317 Meter) und dem an der Grenze liegende Lackenberg (1336 Meter) ist ebenfalls nach ihm benannt. Neben vielen anderen hat Gunther auch diesen, die beiden Länder Bayern und Böhmen verbindenden Weg als erster gebaut.

Wenn auch Gunther von Rom nie heiliggesprochen wurde, so haben doch die Böhmerwäldler ihn zu ihrem Schutzheiligen erkoren. In Rinchnach, dieser ältesten Ansiedlung im mittleren Bayerischen Wald, gedenkt man alljährlich in der letzten Juniwoche des Ortgründers, und alle vier Jahre findet dort ein St.-Gunther-Festspiel statt.

Von Niederalteich ausgehend, wurde ein Guntherweg vorbei am Ranzinger Berg, dem Ort der Guntherklause, über Kirchberg und Rinchnach zum Fraunbrünnl markiert. Er ist etwa 40 Kilometer lang und mit einer Rodungshacke gezeichnet. Die Radwanderung findet ihre letzten Höhepunkte mit einem Kirchenbesuch in Niederalteich und Osterhofen-Altenmarkt.

# Der Goldene Steig, eine wichtige Verkehrsverbindung zwischen Bayern und Böhmen

Münzfunde aus der Römerzeit führen zu der Annahme, daß schon in den ersten Jahrhunderten unserer Zeitrechnung zwischen dem Land an der Donau und Böhmen Waren ausgetauscht wurden. Die ersten wichtigen Urkunden über den Goldenen Steig, oder »Die Gulden Straß«, wie er auch bezeichnet wurde, stammen aus dem 11. Jahrhundert. Im Frühling des Jahres 1010 schenkte König Heinrich II., der nachmalige Kaiser und Heilige, den böhmischen Zoll und dazu auch gleich noch das Land zwischen Passau und dem Böhmerwald dem Kloster Niedernburg an der Ilzmündung. Mitten durch dieses Gebiet, das damit zum Abteiland wurde, führte der einträgliche uralte Handelsweg ins reiche Böhmen. War es eine königliche Mauschelei, wie Kurt Hogl im Bayerischen Rundfunk in der Sendung »Viele Wege führen nach Prag« meinte? Immerhin waren der Spender und die Empfängerin, die Äbtissin Gisela, Witwe des ungarischen Königs Stephan, Geschwister.

Trotz des Reichtums an landwirtschaftlichen Produkten und Bodenschätzen fehlte den Böhmen das sogenannte weiße Gold, nämlich Salz. Schon ein Römer schrieb: »Der Mensch kann ohne Gold, nicht aber ohne Salz leben.« Noch heute gibt es Länder, wo der Gast mit Brot und Salz begrüßt wird. Früher, als man das Einfrieren noch nicht kannte, hatte das Haltbarmachen von Lebensmitteln durch Einsalzen große Bedeutung. Auch zum Würzen und für gewerbliche Zwecke wurde schon immer Salz gebraucht. Viele Orte verdanken dem Handel an Salzstraßen ihre Entstehung. In unserem Fall war es zuerst Salz aus Reichenhall, seit dem Ende des 12. Jahrhunderts auch aus Hallein, das auf dem Wasserweg über Salzach und Inn nach Passau transportiert wurde. Unterhalb des Scheiblingsturms hat man es ausgeladen. Das für Böhmen bestimmte Salz wurde in die Ilzstadt hinübergefahren. Hier, gegenüber dem Kloster Niedernburg, war der große Umschlagplatz für alle Waren, die über das weite Waldgebirge hinüber- und herübergesäumt wurden. Unter Säumen verstand man den Transport von Waren auf dem Rücken von Lasttieren auf meist schmalen Wegen, den sogenannten Saumpfaden. Ein Saum war in früheren Zeiten die Last, welche das Tier tragen konnte. Die stämmigen kleinen Pferde schafften rund drei Zentner. Neben Salz wurden aus Bayern ausgeführt: Weine, Tuchwaren, allerlei Südfrüchte und Gewürze sowie Roheisen und Klingen. Eingeführt aus Böhmen wurden vor allem landwirtschaftliche Produkte wie Getreide, Malz und Schmalz, Hopfen, Honig, Butter, Käse, Wolle, Häute, Fische und Bier. Beliebt war der Prachatitzer Kornbranntwein.

Über die Besitzer des gewinnträchtigen Goldenen Steiges auf der böhmischen Seite heißt es: »Um das Jahr 1088 begabte Herzog Vratislav II. (Herzog 1061–1086, König 1086–1092) das von ihm gegründete ansehnliche Kollegiatstift St. Peter und Paul auf dem Berg Vyšherad bei Prag mit den Mauteinnahmen auf dem Weg nach Prachatitz.«

Dieser Saumpfad von der Passauer Ilzstadt nach Prachatitz ist der ursprüngliche Goldene Steig und blieb für lange Zeit auch der Haupthandelsweg. Diese Route führte über Salzweg, Straßkirchen, Großthannensteig, Waldkirchen, Böhmzwiesel nach Fürholz und Grainet (679 Meter). Ab hier ging's hinauf zum Höhenrücken des Haidel (1167 Meter) und weiter durch die schier endlosen Grenzwälder zum wichtigen Stützpunkt Wallern. Die Orte dazwischen, nämlich Leopoldsreut, Bischofsreut und Böhmisch Röhren (České Žleby), entstanden erst im 17. und 18. Jahrhundert.

Das Pfarrdorf Böhmisch Röhren am Fuße des Schillerberges entwickelte sich aus einem Tränkplatz für die Saumpferde. Im Jahre 1862 wohnten dort 714 Deutsche. Südlich von Eleonorenhain (Lenora) überquert der Goldene Steig die Warme Moldau. Die Brücke ist unter dem Namen Säumerbrücke weithin ein Begriff. Den ersten Flußübergang an dieser Stelle gab es schon im 11. Jahrhundert. Von hier bis Wallern sind es nur noch gut fünf Kilometer. Hans Watzlik sagte über diesen Ort so schön: »Wallern ist aus Säumerfahrt und Säumerrast entstanden.« Die Blütezeit Wallerns fällt in die Zeit des 16. Jahrhunderts. Die Wallerner konnten damals 400 Saumrösser stellen. 13 Schankwirte luden zur Einkehr, und vier Schmiede kümmerten sich um die Karren und die Hufe der Pferde. In Wallern und auch in den anderen größeren Orten am Goldenen Steig gab es Saumhändler, für die mehrere Knechte arbeiteten. Einer davon war Hans Praxl, der es zum Ratsherrn und Bürgermeister des Ortes brachte. Ein Nachfahre von ihm, Paul Praxl aus Waldkirchen, schildert in seinem 1976 erschienenen Buch über den Goldenen Steig das Leben und Treiben in

**Die Säumerbrücke südlich von Eleonorenhain (Lenora) überspannt die Warme Moldau. Schon im 11. Jahrhundert gab es hier einen Flußübergang. Bis zum wichtigen Säumerort Wallern sind es von hier noch fünf Kilometer.**

den Säumerorten: »Als im 16. Jahrhundert der Saumhandel seinen eigentlichen Höhepunkt erreichte, da wimmelte es hier zuweilen von Leuten, hochmögenden böhmischen Kaufherren mit ihren Dienern und Pferden, guldenschweren, freigebigen Ochsenhändlern und ungarischen Sauschneidern, die man schon von weitem roch, Tiroler Wein- und Tuchhändlern, weltgereist und lebensfroh, dann von armseligen Glasträgern aus dem hintersten Wald, abgedankten Landsknechten, die neuen Dienst suchten, nie Geld hatten und nirgends gern gesehen wurden, Landstörzern und Wiedertäufern, überall durch ›ketzerisches und irrgläubiges Reden‹ auffallend, und natürlich Säumern und wieder Säumern mit ihren starken, kleinen kufenbepackten Rössern. Die ›armen treibenden Säumer‹, die sich zu Bruderschaften mit eigenen Rechten und Gepflogenheiten zusammenschlossen, besorgten den beschwerlichen Frachtverkehr teils im Dienst der großen Handelsherren von Passau und Prachatitz, teils auf eigene

◁ **Prachatitz (Prachatice), das einstige »salis emporium«. Im Einschnitt zwischen den beiden Bergrücken führte der »Goldene Steig« von Pfefferschlag kommend in die Handelsstadt herab.**

**In Wallern (Volary), das nach den Worten von Hans Watzlik aus Säumerfahrt und Säumerrast entstanden ist, hielt man im 16.Jahrhundert 400 Saumrösser, und 13 Schankwirte luden zur Einkehr.**

Rechnung und Gefahren. Es waren meist ärmere Kleinfuhrleute und Bauern aus den umliegenden Dörfern und Märkten, wetterharte, derbe Gesellen, die Tod und Teufel nicht fürchteten.«

Nach Wallern zogen die Säumer vorbei an Bildstöcken und den Pflegerhof hinauf nach Pfefferschlag (Libinské Sedlo) an der Schulter des gut 1 000 Meter hohen Libín. Dann hatten es Pferd und Säumer geschafft. Die letzten fünf Kilometer durch den bewaldeten Taleinschnitt hinunter nach Prachatitz zum »salis emporium« zählten nicht mehr. Spät am Abend rief die Glocke vom Jakobsturm zur Eile: Nur mehr wenig Zeit verbleibt, und dann werden die Stadttore verriegelt. Zur Erinnerung an jene Zeit läutet auch jetzt wieder allabendlich um 10 Uhr die Säumerglocke. Vor dem Dreißigjährigen Krieg trafen am Zielort Prachatitz täglich bis zu 200 Tragpferde ein.

Doch dies war nicht immer so. Starke Einbußen brachten die Zeiten während und nach den Hussitenkriegen. Schon seit dem 14. Jahrhundert sorgten zwei Nebenwege für Konkurrenz. Einer verlief über Winkelbrunn und Obermoldau nach Winterberg, der andere, ebenfalls von Passau ausgehend, über Freyung nach Reichenstein. Vergeblich hatte sich der Landgraf von Leuchtenberg schon bei Kaiser Karl IV. um den Salzhandel für Straubing bemüht. Gesäumt wurde allerdings auch noch von Vilshofen über Grafenau und vorbei am Lusen nach Reichenstein. Erst nach 14jährigem Streit zwischen Bayern und Passau beendete der Münchner Vertrag von 1608 den Salzvertrieb über die Stadt an der Vilsmündung. Waghalsige versuchten auf Schmugglerpfaden, den sogenannten Schliefwegen, die Kontroll- und Abgabestellen zu umgehen. Im 15. Jahrhundert lenkte das mächtige Geschlecht der Rosenberger den Salzhandel teilweise über Krumau und an Prachatitz vorbei. Dies erledigte sich, als sie 1503 Prachatitz in Besitz nehmen konnten. Zeitweise fanden Säumer auch einen Weg von Obernzell über Wegscheid, Aichen und Untermoldau nach Böhmen. Eine Säumerordnung aus dem Jahr 1538 besagt u.a.: » Ledigen Gesellen wird das Säumen verboten. Ein Säumer darf nicht mehr als vier Rosse halten.« Immer wieder klagten Bauern: »Wichtige Arbeiten bleiben liegen, weil Arbeitskräfte das abwechslungsreiche (und wohl auch einträglichere) Säumerleben der harten Feldarbeit vorziehen.«

Mit dem Dreißigjährigen Krieg war die hohe Zeit des Säumerhandels vorbei. 1645 gab es in ganz Prachatitz nur noch zwei Pferde. Im Spanischen Erbfolgekrieg sperrte Kaiser Joseph I. ganz Böhmen für fremdes Salz. 1708 wurde die Salzlege zu Prachatitz aufgehoben und nach Krumau verlegt. Der Umschlagplatz auf bayerischer Seite wechselte von Passau nach Linz. In Passau erinnerte man sich damals wehmütig an die Zeit, in der man im Jahr 300 000 Zentner Salz umsetzte. Es blühte der Schleichhandel. Mancher Saumweg wurde im 18. Jahrhundert durch den Handel mit Glaswaren auch zur »Glaserstraß«. Der Ausbau der Straßen und das Aufkommen der Eisenbahn beendeten endgültig das Säumen. An den Goldenen Steig erinnern alte Ortsnamen, Wanderwege, das alljährliche Säumerfest am 1. August mit historischem Festzug in Grafenau und ein Museum im alten Wehrturm zu Waldkirchen. (Geöffnet Mai bis Oktober täglich 14 bis 16 Uhr.)

# Prachatitz und sein Kreis

Die beiden im Wanderführer vorgeschlagenen Routen führen quer durch den Kreis Prachatitz. Der schönste Ausblick auf dem Unteren Weg von München nach Prag und der weiteste über den Kreis Prachatitz öffnet sich dem Wanderer auf dem 30 Meter hohen Rudolfsturm des Libín (1091 Meter). Er ist der Hausberg der Prachatitzer. Die Aussichtswarte wurde 1881 bis 1883 zur Erinnerung an den Besuch des unglücklichen österreichischen Thronfolgers Rudolf in Prachatitz erbaut. Zu Füßen des Beschauers liegt die Stadt Prachatitz (561 Meter) und im weiten Rund der gleichnamige Kreis. Im Westen schweift der Blick hinüber zum Schreiner (Bobík, 1264 Meter) und Kubany (Boubín, 1362 Meter), nach Südwesten wandert er über Wallern, das Moldautal und den Tussetberg (1065 Meter) zurück zum Grenzkamm am Dreisessel (1332 Meter). Im Südosten schmiegt sich in die Hügel vor dem Chum (1194 Meter) und dem Plansker Wald (1083 Meter) das Dörflein Chrobold. Im Norden verläuft die Wanderroute über Husinec zur alten Ruine Helfenburg (683 Meter).

Rechts von der auffälligen Prachatitzer Hochhaussiedlung im leichten Geländeeinschnitt versteckt sich das ehrwürdige Altprachatitz. Dessen Anfänge reichen bis in die mit Sagen und Legenden umwobene frühe Zeit Böhmens. Die erste Nennung von Staré-(Alt-)Prachatice fällt in das 11. Jahrhundert. Hierher zum ehemaligen Maut- und Marktort zogen ursprünglich die Säumer aus Passau. Auf dem Platz der frühgotischen Friedhofskirche Peter und Paul aus dem 13. Jahrhundert stand einst eine romanische Kirche. Ende desselben Jahrhunderts legten planmäßig bayerische Siedler die Neustadt in der geschützten Mulde unterm Libín an.

Unter der Herrschaft der Vyšehrader Pröbste und mit Hilfe königlicher Privilegien wuchs es heran zum »salis emporium« Böhmens. Im Jahre 1323 bestätigte der Böhmenkönig Johann von Luxemburg, der Probst Johann vom Vyšehrad habe den Bürgern und Bewohnern von Prachatitz die Stadt und den Handelsweg nach Passau zu Erbpachtrecht überlassen. Zur Stadt erhoben wurde der Ort am Rande des Böhmerwaldes zu Beginn des 14. Jahrhunderts. Düstere Jahre erlebten die Prachatitzer während der Hussitenkriege ab 1420. Doch gleich nach den Jahren des Krieges, 1436, erreichte der Ort erneut den Status einer königlichen Stadt. Ab 1503 gehörte er wieder zum Besitz der Rosenberger. Genau 100 Jahre später verkaufte ihm der letzte Sproß dieses mächtigen Geschlechts, Peter Wok, an Kaiser Rudolf II. Das dazwischenliegende 16. Jahrhundert war die Glanzzeit des Goldenen Steiges und damit auch der bedeutenden Handelsstadt. Das Geschick von Prachatitz war immer eng an das Geschehen auf der »Gulden Straß« gebunden. Mehrere Familien gelangten durch den Handel zu Reichtum und Ansehen. Die bekanntesten Geschlechter waren die Familien Kern, Mühlberger und Sitter, Schlosser, Strobl und Rumpal.

Bei ihnen waren die Säumer oft hoch verschuldet. Im Jahre 1561 kauften die Prachatitzer die Scheibe Salz um 20 bis 22 Weißgroschen von den Säumern, und für 22 bis 24 Weißgroschen gaben sie sie an die innerböhmischen Fuhrleute weiter. Der Dreißigjährige Krieg brachte auch in Südböhmen den Verfall. Kurz nach Kriegsbeginn, im Jahre 1620, folgte dem Prachatitzer Ständeaufstand eine Strafaktion des habsburgisch-kaiserlichen Generals Buquoy. 1659 bekam Prachatitz erneut eine Salzniederlage, diesmal für Gmundner Salz, aber die goldensten Jahre waren dahin. Das endgültige Aus brachten das Salzausfuhrverbot durch Kaiser Joseph I. 1706 und später der Ausbau der Autostraßen und Schienenwege.

Seit 1766 ist Prachatitz, abgesehen von einigen Unterbrechungen, bis in unsere Zeit Garnisonsstadt. Mitte des 19. Jahrhunderts wurde, wie anderswo auch, die Grundherrschaft aufgelöst. Nach mehrmaligem Geschlechterwechsel besaß Prachatitz seit 1719 der Fürst Schwarzenberg. Die Pfarrei Prachatitz zählte im Jahre 1862 insgesamt 6522 Katholiken, davon entfielen 3283 auf die Stadt; dazu kamen acht deutsche Dörfer mit 855 und 14 tschechische mit 2384 Gläubigen (J. Dichtl). Ein deutscher Chronist aus Prachatitz berichtet: »So um 1880 geht in unserer Stadt die lange Periode der deutsch-tschechischen Gemeinsamkeit zu Ende. Wir haben uns nicht geliebt, doch gewiß auch nicht gehaßt…« So wurde z.B. die Silvesterpredigt in der Jakobskirche abwechselnd nach den Jahren einmal in deutscher, im anderen Jahr in tschechischer Sprache gehalten. Anschließend erteilte dann der Priester den gemeinsamen Segen. Ein bezeichnendes und wichtiges Beispiel für das fehlerhafte Verhalten der habsburgisch-deut-

**Prachatitz (Prachatice). Ausschnitt aus der Fassade des im Stil der Neurenaissance in den Jahren 1902 und 1903 erbauten Neuen Rathauses.**

schen Regierung war das Zurückdrängen der tschechischen Sprache im öffentlichen Leben. Derartiges sollte sich später bitter rächen.

1893 wurde die Stadt an das Eisenbahnnetz angeschlossen; sechs Jahre später wurde die Bahn nach Wallern verlängert. Der Fremdenverkehr und der Kurbetrieb im Margaretenbad am Libínhang wurden angekurbelt. 1930 zählte Prachatitz 4760 Einwohner. In der Brockhaus-Ausgabe 1933 wird es noch mit vorwiegend deutscher Bevölkerung erwähnt. Trotz des tschechischen Nationalstaats ab 1918 blieb die Stadtverwaltung in deutschen Händen. Der erste tschechische Bürgermeister wurde erst im Jahre 1935 gewählt. Nach der Angliederung der von Deutschstämmigen zusammenhängend besiedelten Gebiete Böhmens an das Deutsche Reich im Jahre 1938 gehörte der Kreis Prachatitz zum Gau Bayerische Ostmark. Aus den glücklichen Friedenstagen wurde schnell eine grausame Kriegszeit. Nach Augenzeugenberichten gingen am

10. Mai 1945 drei Deutschstämmige aus Prachatitz mit einer weißen Fahne den anrollenden Truppen der 26. US-Division auf der Pfefferschläger Straße entgegen, um die Stadt kampflos zu übergeben. Gleichzeitig stürmten tschechische Partisanen in die Stadt; der Narodní Výbor und das Volksgericht übernahmen die Herrschaft des Schreckens. Es begann der Leidensweg der Stadt und ihrer deutschen Bürger. Die Tschechen vertrieben die deutsche Bevölkerung in den Jahren 1945/46. Danach wurde Prachatitz allmählich mit Tschechen sowie mit Sinti und Roma aus anderen Landesteilen besiedelt. Auf die Sehenswürdigkeiten wird im beiliegenden Wanderführer hingewiesen.

## Der Kreis Prachatitz (Prachatice)

Er liegt im südwestlichen Teil des südböhmischen Bezirks, dessen Hauptstadt Budweis ist. Während der Angliederung an Deutschland von 1938 bis 1945 war der von Tschechen bewohnte Nordteil des Kreises (gut ein Drittel) abgetrennt. Dafür hatte man im Süden Gebietsteile des Kreises Krumau bei Neuthal und Tusset hinzugeschlagen. Im Südwesten grenzt der Kreis an Österreich und Deutschland, im Westen an den Kreis Klattau (Klatovy) und von Norden nach Südosten an die Kreise Strakonitz, Budweis und Krumau. Früher deckte sich die Grenze zwischen dem Gebirge und seinem nördlichen Vorland etwa auch mit der Sprachgrenze.

Erdkunde: Die vorherrschenden Gesteinsformationen vom Süden nach Norden sind Granit, Gneis mit eingelagertem Granulit, Serpentin und Kalk sowie tertiäre Braunkohle. Mehr als die Hälfte der Landkreisfläche ist mit Wald bestanden. Die Böhmerwaldberge steigen meist von Westen her sanft an und fallen nach Osten steil ab. Die Höhen liegen etwa zwischen 1050 und 1360 Metern über NN. An den Ostseiten der Berge haben sich Seen und große Moore gebildet. Sie liegen in einer Höhenlage um 1000 Meter. Der höchste Berg des ganzen Gebirgszuges ist der zu Bayern gehörende Große Arber (1456 Meter). Als zentrale Mitte des Böhmerwaldes gilt aber der knapp jenseits der Prachatitzer Kreisgrenze sich erhebende Lusen (1372 Meter). Von ihm aus verlaufen zwei Hauptgebirgszüge parallel zum Moldautal. Jeder von ihnen hat einen niedrigeren Begleiter. Vom Lusen und seinem nordwestlichen Nachbarn Rachel (1453 Meter) aus fließen die Wasser nach allen Himmelsrichtungen. Der südliche Landkreis wird entwässert von der gegen Südosten fließenden Moldau und ihren zahlreichen Nebenbächen. In Richtung Norden zieht über Winterberg zur Otava nach Strakonitz die Volyňka. Und die südöstlich vom Berg Chlum (Chum) entspringende Blanice (Flanitz) nimmt unterhalb von Husinec zuerst den beidseitig vom Libín daherfließenden Rohnerbach und später den von Chrobold daherrauschenden Goldbach auf.

Die Besiedelung: Die Rodungen und ersten Besiedelungen in den Hochlagen des Böhmerwaldes erfolgten nicht vor der Jahrtausendwende (siehe hierzu das Kapitel »Wegbereiter Sankt Gunther«). Die Ansiedelung vollzog sich in mehreren Wellen. Pionierarbeit bei der Erschließung des Gebirges leisteten vor allem die bayerischen Bauern. Gerufen und unterstützt wurden sie von den sogenannten Rodungsklöstern und von den regionalen Herrschergeschlechtern. Die Ortsnamen selbst und Aufzeichnungen in den Chroniken der Klöster geben nähere Aufschlüsse über die Gründungszeiten. Auslöser für Neuansiedlungen waren meist politische und wirtschaftlich-soziale Verhältnisse.

◁ Ausblick vom Rudolphsturm auf dem Libín auf Prachatitz. Den Altstadtbereich erkennt man an den roten Dächern. Dahinter im Flanitztal (Blanice) liegt Husinec, der Geburtsort von Jan Hus.

◁ Prachatitz. Ausblick Unter den Lauben auf den Ringplatz und das Neue Rathaus. Der reiche Sgraffiti-Schmuck zeigt Szenen aus der Stadtgeschichte.

Hinter der alten Stadtmauer von Prachatitz ragt die ehrwürdige Jakobskirche in den Himmel. Um das Jahr 1350 wurde der Bau begonnen. Allabendlich ertönt vom Turm die Säumerglocke.

Der Kreis Prachatitz in Zahlen nach der Volkszählung von 1939: Größe des Kreises: 737,92 Quadratkilometer; Einwohner: 38 689 mit 10 200 Haushaltungen. Von den 43 Gemeinwesen waren drei Städte, zwei Märkte und 38 Dorfgemeinden mit insgesamt 364 Ortsteilen. Etwa 40 Ortschaften, meistens die grenznah gelegenen, wurden nach dem Krieg entweder zerstört, oder sie sind weitgehend erloschen. Aus dem Kreis Prachatitz gingen vom März bis November 1946 nach zwölf verschiedenen Zielorten im sogenannten Altreich (im Gegensatz zu Österreich) 24 Transportzüge mit je etwa 1200 Menschen. Die rund 38000 Böhmerwäldler aus Prachatitz und seinem Kreis waren zu Heimatlosen geworden. Sie und ihre Nachfahren leben nun in auseinanderliegenden Dörfern, Märkten und Städten, meist weit entfernt vom Böhmerwald. Sie halfen tatkräftig mit, die Bundesrepublik aufzubauen.

Nach 1946 wurde der Kreis Prachatitz um den 1938 abgetretenen Nordteil wieder vergrößert. Etwa 50 Jahre später wird die Einwohnerzahl mit 51 000 und die Größe mit 1377 Quadratkilometern angegeben. Zum leichteren Verständnis gibt es im Wanderführer ein alphabetisches Verzeichnis der Ortsnamen und geographischen Bezeichnungen in Tschechisch und Deutsch.

# Guthausen, ein Dorf im Böhmerwald

Am Fuß des felsigen Tussetberges, dort, wo er im Norden gegen das breite Tal der Moldau ausläuft, reihen sich längs eines löcherigen Sträßchens einige Häuser aneinander. Als ich den Ort im Jahre 1991 ein paarmal aufsuchte, wirkte er nahezu wie ausgestorben. In den Lücken der allem Anschein nach einmal viel längeren Häuserzeilen wucherte zwischen Steinhaufen und Gartensträuchern hohes Unkraut. Auch Ruinen mit wenigen Mauern und heruntergestürzten Balken verstärkten den deprimierenden Eindruck.

Zu Weihnachten 1990 hatte ich einer guten Bekannten, die als 13jähriges Mädchen aus ihrer Böhmerwaldheimat vertrieben worden war, ein Buch mit dem Titel »Sternreischtn« geschenkt. Erst bei der Suche nach der geeigneten Wanderroute nach Prag erkannte ich, daß dieses Buch aus dem Morsak Verlag Grafenau, das erst drei Jahre vorher erschienen war, mit packenden und anrührenden Worten das Schicksal dieses Dorfes und seiner Menschen am Tussetberg beschreibt. Die Verfasserin, Frau Rosa Tahedl, selbst Guthauserin und Lehrerin in den Orten des Böhmerwaldes, hat das Leben im Dorf in glücklichen Kinder- und Jugendtagen und während der furchtbaren Zeit der Vertreibung und der ebenfalls grausamen Tage zur Zeit des Kommunismus erlebt. Während der letzten 18 Jahre im Böhmerwald unter der kommunistischen Regierung verrichtete sie die harte Arbeit einer Holzhauerin. In den Wirrnissen jener Jahre fesselte eine konstante Größe ihre Aufmerksamkeit: Das Leben im Wald! Sie schreibt von der Lebensgemeinschaft Wald, »wo die kleine Blume ebenso gleichwertig Platz findet wie der mächtige Urwaldriese«. Dem ersten Band »Sternreischtn« gab sie den Untertitel »Ein Lichtbogen über einem Böhmerwalddorf«. Lassen wir sie diesen hintergründigen und inhaltsschweren Titel selbst erklären: »In klaren Herbstnächten schneiden öfter Sternschnuppen einen hellen Strich in den nachtdunklen Himmel: Ein Stückchen glänzender Spur, beileibe nicht über das ganze Firmament. Es scheint, als bliebe ein schwacher Abglanz für den Bruchteil eines Augenblickes zurück. Eine Metapher für ein Menschenleben?« Das Auf- und Verglühen am Himmel und die kurze Bahn einer Sternschnuppe stehen auch als bildhafte Vorstellung für Werden, Blühen und Vergehen vieler Böhmerwalddörfer. Guthausen ist ein Beispiel für zahlreiche andere Orte aus dem Grenzgebirge. Frau Rosa Tahedl schöpfte bei ihrer Erzählung aus ihrem reichen persönlichen Leben, aus dem Erzählgut ihrer Ahnen und aus der Schulchronik Guthausens, die Oberlehrer Rankl niedergeschrieben hatte.

Einer ihrer Vorfahren zählt zu den Gründervätern dieses Dorfes. Als letzte Siedlung im Kreis Prachatitz wurde Guthausen im Jahre 1816 von Menschen aus Bayern, Österreich und der näheren Umgebung aufgebaut. Bei ihrer mühevollen Rodungsarbeit hausten die ersten Siedler in primitiven, selbsterstellten Hütten. Anlaß für die Ortsgründung war ein Aufruf des Fürsten Schwarzenberg. Ihm sollte die neue Holzhackersiedlung dazu dienen, den großen Holzreichtum seiner Wälder zu nutzen. Die eigenständigen Bürger des benachbarten Marktfleckens Wallern hatten in zähem Behauptungswillen ihre Rechte an der umliegenden Flur verfochten. Die schwarzenbergische Siedlung sollte auch helfen, unrechtmäßige Übergriffe in den großen Waldungen um den Tusset- und Schillerberg abzuwehren. Die Einnahmen aus dem gewinnträchtigen Goldenen Steig waren längst versiegt. Jeder Siedler am Erschließungsweg in der »Grammet Au« bekam als Starthilfe soviel Grund, daß er zwei Melkkühe und ein altes Rind füttern konnte. Die Siedler durften sich ein Anwesen mit folgendem Umfang bauen: eine Wohnstube, dazu eine Kammer und eine Küche sowie einen Viehstall mit Scheuer. Für diese Erlaubnis mußte jeder Siedler alljährlich einen Gulden und 20 Kreuzer im voraus zahlen. Dazu mußte er im Jahr 20 Tage Handrobot leisten und 100 Klafter Holz zu einem bestimmten Tarif schlagen. Außerdem wurde jeder Siedler dazu verpflichtet, längs des Tusseter Waldes einen drei Schuh breiten Entwässerungsgraben unentgeltlich auszuheben und ihn instand zu halten. Und schließlich standen der Dorfgemeinschaft 126 Strich Grund als Hutweide zur Verfügung. Die ersten zwei Jahre nach ihrer Ankunft waren sie von sämtlichen Abgaben befreit. Dies waren Bedingungen, die nur von kerngesunden und kräftigen Menschen erfüllt werden konnten. Sie bedeuteten harte Arbeit, oft fern von Frau und Kindern, und viel Mühe und Schweiß. Es waren Lebensbedingungen, wie man sie sich heute kaum mehr vorstellen kann. Als einige Vertreter der Siedler beim Fürsten vorstellig wurden und um Erleichterungen baten, meinte der hohe Herr: »Ich

**Guthausen (Dobra), vom Fuß des Tussetberges (Stožec) aus gesehen. Der Blick schweift über das Tal der Warmen Moldau hinüber zum Höhenrücken des 1362 m hohen Kubany (tschechisch: Boubin).**

kann wegen euch keine Ausnahme machen. Ihr müßt halt gut hausen!« Dies war dann auch gleich der ungewollte Taufakt für das von der großen Welt abgeschiedene Dörflein. Und gut gehaust haben sie, die Böhmerwäldler zu Füßen des Tussetberges. Bald warteten die Frauen in den Zug um Zug erbauten Häusern auf die von der Waldarbeit heimkehrenden Männer, und Kinderlachen erklang aus den Häusern. An Sonn- und Feiertagen ging man ins Kirchdorf Böhmisch Röhren und später auch mal auf den Markt und zu Vergnügungen nach Wallern.

Im Jahre 1882 baute die Dorfgemeinschaft ein einstöckiges, massives Schulhaus für einen zweiklassigen Unterrichtsbetrieb. Die örtliche Musikkapelle und ein großer Gesangsverein verschönerten so manche Feier. Sie waren auch gerngesehene Gäste in den umliegenden Orten. Aus den nach Abschluß der ersten Besiedelung stehenden 35 Häusern waren im Laufe der Jahrzehnte 78 Heimstätten mit 523 Bewohnern geworden. Draußen in der großen Welt und in der hohen Politik hatten sich Gewitterwolken zusammengezogen, die auch vor dem Böhmerwald nicht haltmachten. 18 junge Männer aus dem kleinen Dörferl mußten im Ersten Weltkrieg ihr Leben lassen, und im zweiten großen Krieg waren es gar 32. Schon seit dem 19. Jahrhundert hatte sich der gegenseitige Nationalitätenhaß immer mehr hochgeschraubt. Was die größten Pessimisten nicht für möglich gehalten hatten, geschah im Jahre 1946: Sie, die ihr Leben lang in Wald, Haus und Hof hart gearbeitet hatten, alte Menschen genauso wie Frauen und Kinder – die Männer waren entweder gefallen oder noch in Gefangenschaft –, wurden mit dem wenigen, was sie tragen konnten, aus ihrer vertrauten und angestammten Heimat vertrieben. Frau Tahedl schreibt: »Wieder a Johr sou schwar wia a Stoa!« Und in der letzten der vier zu Herzen gehenden Strophen:

*D' Ouchsn zuignt ou*
*und i mir drinn is grod*
*wia wounns ma in Lebitzer* [1]
*o' gstößn hot.*
*Der Wogn rumplt sperri,*
*mir toppnt hintno.*
*Hiaz müaß ma furcht –*
*und d' Hoamat bleibt do?*
*Schauts nimmer um,*
*stoumpfts nochi der Fuhr!*
*Ulls is hiaz verlorn –*
*Und der Himml schaut zua!*

[1] = Seufzer

Sie und ihre Familie durften – oder sollte man besser sagen mußten? – zurückbleiben. Das, was auf sie unter dem zukünftigen System an Erniedrigungen und an harter Arbeit in dem ausgestorbenen Dorf wartete, war bestimmt auch nicht leichter als das bittere Los der Vertriebenen. Dieses ihr Schicksal schildert Frau Tahedl lebensnah und ergreifend in ihrem 1990 erschienenen zweiten Band mit dem Titel »Abenteuer unter dem Roten Stern«. Illustriert ist das lesenswerte Buch mit Motiven aus dem Böhmerwald. Die Holzschnitt-Illustrationen sind meisterhaft gestaltet von Walter Grössl.

Heute ist Guthausen zu drei Vierteln zerstört. Es gelang den tschechischen Behörden trotz mehrmaliger Versuche nicht, das dörfliche Leben wiederzuerwecken. Die meisten der verbliebenen Häuser wurden zu Wochenendsitzen umgewandelt. Bei einem Besuch in ihrem neuen Wohnort bei Cham schrieb Frau Tahedl als Widmung in das Buch »Sternreischtn«:

**Guthausen (Dobra), gegründet 1816 durch deutsche und österreichische Siedler. – Immer noch scheint die Sonne golden auf Wald und auf Wasser, wenngleich grausam vertrieben aus teurer Heimat die Waldler.**

*Was mir der Wald einst rauschte,*
*was ich als Kind erlauschte,*
*es klingt durchs ganze Leben fort.–*
*Heimat heißt dies Zauberwort.*

# Klöster, Burgen und Schlösser an der oberen Moldau

ETWA 75 Kilometer fließt die Moldau parallel zur Donau nach Südosten, bis sie unterhalb des Lipno-Stausees nach Norden einschwenkt. So enteilt sie unserer Fußroute. Diese darf ja nicht zu weit von der Luftlinie München–Prag abweichen. Mit dem Fahrrad aber verfügt der Wanderer über einen größeren Aktionsradius. Damit läßt sich die kunsthistorisch interessante Strecke entlang der oberen Moldau in die Route mit einbeziehen.

## Das Kloster Hohenfurth (Vyšší Brod)

Bald nach der sagenumwobenen Teufelsmauer rauscht das Böhmerwaldwasser an Kloster und Markt Hohenfurth vorbei. Der Name deutet auf eine alte Flußüberquerung. Sie findet ihre Fortsetzung in einer Landstraße über das Gebirge und an die Donau nach Linz. Hohenfurth haben die Rosenberger um die Mitte des 13. Jahrhunderts gegründet. Peter Wok von Rosenberg, Marschall des Königs Přemysl Ottokar II., war es, der Zisterziensermönche aus dem Stift Wilhering bei Linz an die Moldau holte. Nach einer Sage durchritt Wok die Moldau an der hohen Furth, um in der St.-Anna-Kapelle seine Andacht zu verrichten. Da erfaßte eine Wasserwoge Pferd und Reiter. Nur seinem Gelöbnis, anstelle der Kapelle ein Kloster zu bauen, verdankte Wok seine Rettung aus den Fluten. Als geschichtlicher Hintergrund dieser Sage gilt die Schlacht bei Mühldorf am Inn vom 25. August 1257. Damals entkamen der Rosenberger und seine Mitstreiter nur mit Not den Wassern des Inns. Die Szene ist auf einem der Bilder unter den Münchner Hofarkaden dargestellt. Mit der Gründung von Hohenfurth erreichten die Rosenberger dreierlei: Zum einen sicherten sie mit dem befestigten Ort über dem Fluß den Verkehrsweg, zum anderen schufen sie mit der Mönchssiedlung einen Stützpunkt für die weitere Kolonisation und mit dem Bau der Klosterkirche eine Grablege für ihr Geschlecht. Im Chor der Kirche erinnert die Grabplatte mit der fünfblättrigen Rose an den letzten Rosenberger. Es war wieder ein Peter Wok, der 1611 verstarb. Als Ritter mit Pferd, Schild und Helm ist er dargestellt. Eine weitere Sage erzählt: Wie zu einer Beratung versammelt, sitzen die verstorbenen Rosenberger in der Gruft unter dem Chor der Kirche. Gemäß dem Wunsch des Peter Wok wurde die Grabstätte unter dem Kirchenraum nie mehr geöffnet. Die gotische Marienkirche wurde zwischen 1360 und 1380 erbaut. Die berühmte Hohenfurther Madonna, ein gotischer Flügelaltar und das wertvolle Záviškreuz werden seit 1945 in der Nationalgalerie bzw. im Veitsdom zu Prag aufbewahrt. Letzteres ist eine Goldarbeit aus der ersten Hälfte des 13. Jahrhunderts, die Záviš von Falkenstein 1280 dem Kloster schenkte.

**Das Siedlungskloster und Kunstzentrum Hohenfurth (Vyšší Brod). Kreis Krummau (Český Krumlor), wurde vor 1259 durch Wok von Rosenberg gegründet. Es erwies sich als wichtiger Stützpunkt der Witigonen am Moldauübergang.**

Außer der Klosterkirche sind vor allem noch sehenswert: der Kreuzgang, die Bibliothek, die als die schönste Klosterbücherei Böhmens gilt, und der Kapitelsaal mit den gotischen Fenstern. Hohenfurth war Ausgangspunkt für weitere Klostergründungen im Land. Das säkularisierte Kloster soll nun wieder mit Mönchen besiedelt werden. Der Ort Hohenfurth ist seit 1528 eine Marktgemeinde.

15 Kilometer westlich von Hohenfurth, auf dem 1053 Meter hohen Thomasberg, bestimmt seit langer, langer Zeit eine Rui-

**Im bedeutendsten Raum des Klosters Hohenfurth (Vyšší Brod) – dem 1286 bis 1300 erbauten Kapitelsaal – ist dieses spätgotische Rundfenster mit farbiger Rosette zu bewundern.**

**Das Städtchen Krummau (Český Krumlor) an der oberen Moldau erinnert mit dem mäandernden Fluß und der mächtigen Burg an die reizvollen oberbayerischen Städte Wasserburg und Burghausen.**

ne das Landschaftsbild. Diese verfallene Burg Wittinghausen war einst das Haus des Witiko (gest. 1194). Er ist der Stammvater des Geschlechts, dessen Wappen die fünfblättrige Rose führt. Vermutlich wanderte er vom Ursprungsland Bayern über das österreichische Mühlviertel nach Böhmen. Eine Sage erzählt: Der Ahnherr Witiko gab jedem seiner fünf Söhne eine einfach blühende Rose. Jede hatte eine andere Farbe. Aber bei allen ergaben die fünf Blütenblätter eine Rosenblüte. So sollte das Rosenwappen die Nachkommen zur Eintracht mahnen.

## Schloß und Markt Rosenberg

Knappe zehn Kilometer fließt die Moldau von Hohenfurth, dem Hauskloster der Rosenberger, bis zu ihrem Stammsitz, dem Schloß und Markt Rosenberg. Der Ort auf dem linken Flußufer wurde 1262 ebenfalls von Wok von Rosenberg, dem Vertrauten des mächtigen Böhmenkönigs, gegründet. Reste der mittelalterlichen Wehranlagen sind noch erhalten. Auf dem anderen Moldauufer thronen auf einer Anhöhe die miteinander verbundenen Rosenberger Burgen. Sie wurden vor dem Jahr 1250, etwa gleichzeitig mit der Stadt Krummau, erbaut. Auch hier waren die Witigonen die Bauherren. Fünf Jahrhunderte lang blühte dieses Geschlecht. Eines der Bilder im Schloß zeigt eine weißgekleidete Frau, die mit einem Stab auf einen Kreis rätselhafter Zeichen weist. Will sie damit in verschlüsselter Weise kundtun, wo ihr verborgener Schatz zu finden ist? Die legendenumwobene weiße Frau lebte im 15. Jahrhundert. Sie hieß Berta, war die Tochter Ulrichs II. von Rosenberg und lebte in unglücklicher Ehe mit Johann von Liechtenstein in der Steiermark. In ihren späteren Jahren konnte sie in ihre Heimat zurückkehren und wurde zur Wohltäterin der Armen. Als weiße Frau, die in den Rosenberger Schlößern umgehen soll, ist sie heute noch unvergessen.

Vor dem Dreißigjährigen Krieg waren für kurze Zeit die Herren von Schwamberg Besitzer der Rosenberger Burg. Damals gehörten ihnen auch Worlik (Orlík), Ronsberg und Klingenberg (Zvíkov). Aber bereits im Februar 1620 erhielt Graf Buquoy für seine dem Kaiser Ferdinand II. geleisteten Dienste u.a. die Herrschaft Rosenberg. Neun Monate später siegte er als Oberbefehlshaber der kaiserlichen Truppen zusammen mit den Bayern unter Herzog Maximilian I. am Weißen Berg bei Prag. Das Geschlecht der Grafen Buquoy besaß Rosenberg bis zum Ende des Zweiten Weltkrieges. Karl Georg von Buquoy soll laut national gesinnten Tschechen angeblich den Böhmerwald germanisiert haben. Dafür wurde er zu 13 Jahren Gefängnis verurteilt. Sein Sohn Ferdinand wurde von den Tschechen als Sudetendeutscher vertrieben. Das Schloß plünderten zuerst die Amerikaner, dann die Sowjettruppen und

**Ausblick vom Burgberg von Krummau auf den historischen Stadtkern. Adalbert Stifter nennt den 1240 von den Witigonen gegründeten Ort »die graue Witwe der verblichenen Rosenberger«.** ▷

**Budweis (České Budějovice), Rabensteiner Turm. Sein Name geht auf einen Subprior des ehemaligen Dominikanerklosters zurück. 1265 (das Verbriefungsjahr für den Klostergrund) gilt als Geburtsjahr der Stadt.**

schließlich die tschechischen Revolutionsgarden. Die jetzige Ausstattung im Schloß stammt zu einem großen Teil aus anderen historischen Gebäuden.

## Schloß und Stadt Krummau (Český Krumlor)

Das Reizvolle der oberbayerischen Städte Wasserburg und Burghausen am Inn vereinigt Krummau im Böhmerwald. Wie Wasserburg vom Inn, so wird Krummau von der Moldau umschlungen. Und wie oberhalb von Burghausen, so erstreckt sich auch auf dem Höhenrücken der ehemals krummen Aue eine mächtige Burg. Nach dem Hradschin in Prag ist es die größte Burganlage Böhmens. Die Stadt zu ihren Füßen ist hügelig, verwinkelt und mit Patina überzogen. Stifter nennt sie die »graue Witwe der verblichenen Rosenberger«. Die Witigonen gründeten um das Jahr 1240 die Burg auf dem Felsenrücken über der mäandernden Moldau. Die Siedler zu Füßen der Burganlage kamen aus Österreich und Bayern. Drei deutsche Adelsgeschlechter residierten auf Schloß Krummau: von 1302 bis 1611 die Rosenberger, von 1622 bis 1717 die Eggenberger und von 1717 bis 1945 die Schwarzenberger. Und alle haben an der Burganlage gebaut, sie erweitert und restauriert. Ihr massiver Rundturm, der wie natürlich aus dem Felsen herauswächst, steht beherrschend über dem Fluß und der Stadt. Mitte des 13. Jahrhunderts wurde er erbaut. Der abschließende Helm und der Arkadenumgang stammen aus den Jahren 1588 bis 1590. Seit 1947 ist das Schloß Staatseigentum und als Museum für jedermann zugänglich.

## Das ehemalige Kloster Goldenkron (Zlatá Koruna)

Nur sieben Straßenkilometer liegen die rosenbergische Gründung Krummau und das von Přemysl Ottokar II. ins Leben gerufene Kloster Goldenkron auseinander. Als Gegengewicht zu den moldauaufwärts gelegenen und immer weiter ausgreifenden Besitzungen der Nachfahren Witikos holte der böhmische König im Jahre 1263 Zisterziensermönche in diesen stillen Winkel des Moldautales.
Die Mönche kamen aus Heiligenkreuz bei Wien. Die Klostergründung sollte auch ein Dank für den im selben Jahr errungenen Sieg über die Ungarn sein. Allerdings war der Mönchsansiedlung kein langes Leben beschieden. Bereits im Jahre 1420 brannten die Hussiten die Gebäude nieder, und erst über 200 Jahre später wurden sie im barocken Stil wieder aufgebaut. Kaiser Joseph II. hob 1785 das Kloster auf. Seitdem dient es weltlichen Zwecken. Es besitzt eine umfangreiche Bibliothek und eine Ausstellung über die Literatur Südböhmens. Das Westportal der Kirche Mariä Himmelfahrt stammt noch aus der Zeit um 1350. Erbaut hat es Michael Parler, ein Bruder des berühmten Peter Parler. In der Kirche erinnert ein Prunkgrabmal an den Gründer Ottokar II., der im Prager Veitsdom begraben liegt, ein weiteres an Bavor III. von Strakonitz. Auch andere Klosterteile wie der vierflügelige Kreuzgang und der Kapitelsaal mit Kreuzrippengewölbe können besichtigt werden. Ursprünglich hieß das Kloster »Zur Heiligen Dornenkrone«. Der Name geht auf einen Dorn der Krone Christi zurück. Diese Reliquie wird in der Kirche neben dem Hochaltar aufbewahrt. Der französische König Ludwig der Heilige hatte sie dem böhmischen König geschenkt.

## Das Dominikanerkloster in Budweis (České Budějovice)

Nach Goldenkron fließt die Moldau an der Ruine Maidstein vorbei in die Ebene von Budweis. Die Bezirkshauptstadt Südböhmens verdankt ihre Entstehung ebenfalls König Ottokar II. Er gab dem Burggrafen von Klingenberg (Zvíkov), Hirzo, den Auftrag, die Stadt zu bauen. Schon bei der Planung der Stadt wurde eine Klosteranlage vorgesehen. Die Urkunde für den Baugrund der Dominikaner weist das Jahr 1265 aus. Es gilt als Geburtsjahr der königlichen Stadt. Das Dominikanerkloster wurde während der Josephinischen Reformen aufgelöst (1784). Es folgten die Piaristen, die im Kloster bis 1873 ein Gymnasium unterhielten. Bis 1949 bezogen dann Redemptoristen die Klostergebäude, und seitdem haben staatliche Schulen dort ihre Bleibe gefunden. Der vierflügelige Kreuzgang mit einem Kreuzrippengewölbe kann besichtigt werden.

**Frauenberg (Hluboká nad Vltavou). Das zauberhafte Schloß thront 11 km nördlich von Budweis auf bewaldetem Fels weißschimmernd über einem Moldaubogen. Vorläufer war eine Fronburg des 13. Jahrhunderts.**

## Schloß Frauenberg (Hluboká)

Am nördlichen Rand der Budweiser Ebene, dort, wo die Moldau wieder munterer zu fließen beginnt, thront 80 Meter über dem Fluß Schloß Frauenberg. Es ist traumhaft schön, wie das bayerische Neuschwanstein, und neugotisch gestaltet nach dem englischen Schloß Windsor. Für den strengen Historiker mag es verkitscht sein und zuwenig Originalität aufweisen. Der Kunstexperte aber wird entschädigt, wenn er in den 41 von über 140 Räumen, die besucht werden können, die wertvollen Exponate besichtigt. Mehr als 36000 sollen es sein. Die 12000 Bände der Bibliothek wurden dabei nicht mitberücksichtigt. Die Einrichtungsgegenstände sind vom Feinsten und Wertvollsten. 57 prächtige Wandteppiche stammen überwiegend aus Brüssel, wo sie Mitte des 17. Jahrhunderts hergestellt wurden. An den Roman »Nachsommer« erinnert Adalberts Stifters reich verzierter Schrank. Seine Witwe hatte ihn 1868, im Todesjahr ihres Mannes, an die Schwar-

**Klingenberg (Zvíkov, Kreis Pisek). Die »Königin der böhmischen Burgen« liegt am Mittellauf der Moldau. Hier am Zusammenfluß mit der Otava kann der Wanderer mit dem Schiff moldauabwärts fahren.**

zenberger verkauft. Die Kunstwerke im Schloß reichen von böhmischem Glas über italienische Stuckarbeiten, fränkisch-bayerische Möbel, sächsisches Silber, mittelalterliche Rüstungen, Rosenberger Waffen, Wiener und Prager Gemälde bis hin zu orientalischen Antiquitäten, chinesischem Porzellan und vielem anderen.

Die erste Burg an diesem Platz erbaute König Wenzel I. (König 1228–1253). Sein Sohn war der mächtige Přemysl Ottokar II. (König 1253–1278). Nach seinem Tod heiratete seine Witwe Kunhuta von Černigov (gest. 1285) den Gegner ihres verstorbenen Mannes Záviš von Falkenstein. Nach Streitigkeiten mit dem Habsburger König Rudolf und Auseinandersetzungen mit König Wenzel II. (König 1278–1305) ließ dieser Záviš vor den Augen seiner Verwandten 1290 am Fuß der Burg enthaupten. Von den Witigonen ging die Burg wieder in den Besitz des Königs über, wurde verpfändet und wechselte des öfteren den Besitzer. 1661 kaufte sie Johann Adolph I. von Schwarzenberg. Um die Mitte des 19. Jahrhunderts ließ Eleonore zu Schwarzenberg das jetzige Schloß im romantischen Stil der Neugotik erbauen. Sie und ihr Mann Johann Adolf II. hatten sich bei Aufenthalten in England die Anregungen zu diesem Tudorstil geholt. Auch den Park und die umgebende Weiherlandschaft gestalteten die Schwarzenbergs. So dirigierte etwa Fürstin Eleonore vom Schloßturm aus mit Hilfe von Fähnchen die Plazierung der Baumgruppen und der Solitärbäume.

Empfehlenswert ist auch ein Besuch im Jagd- und Forstmuseum des barocken Jagdschlosses Ohrada. Zwei Kilometer südwestlich des Märchenschlosses hatte es zwischen 1708 und 1713 der fürstliche Baumeister Paul Ignaz Bayer erbaut. Wie umfangreich der Besitz und die Macht der Schwarzenbergs einst waren, veranschaulichen zwei Zahlen. Vor dem Revolutionsjahr 1848 besaß der Krummauer-Frauenberger Zweig in den böhmischen Ländern zirka 6400 Quadratkilometer Land und hatte etwa 230000 Untergebene.

Der Radwanderer, der über ausreichend Zeit verfügt, kann in die Besichtigungstour die 30 Kilometer weiter östlich gelegene mittelalterliche Stadt Wittingau (Třeboň) und das am Weg nach Prag liegende Tábor sowie das Schloß Konopiště mit einbeziehen. Diese Städte zeichnen sich ebenfalls durch eine reizvolle Umgebung und durch einige interessante Bauwerke aus.

# Die Tussetkapelle, Wallfahrtsort im felsigen Hochwald

DEN Ausblick vom Hochstein am Dreisessel nach Norden begrenzen die Berge Kubany und Schreiner. Unter ihrer verbindenden Horizontlinie, im Mittelgrund des Bildes, erkennt man den Tussetberg. Etwas links unterhalb des leicht aufschwingenden Gipfels steht die bei den Böhmerwäldlern beliebte Wallfahrtskapelle. Nach der Übernachtung im Grenzort Haidmühle ist sie ein Zwischenziel zum uralten Säumerort Wallern. Auf einer kleinen Lichtung im Hochwald, die von Felskulissen eingerahmt ist, trifft der Wanderer auf das Wallfahrtskirchlein. Der Baustil erinnert an skandinavische Stabkirchen. Vor dem Eingang tropft aus einer gefaßten Quelle Wasser in einen Brunnentrog. Über 150 Jahre lang leiteten drei Kreuzwege von drei Tälern aus hinauf zur Kapelle unterm Tussetfelsen. Der eine kam vom gleichnamigen Ort der Kalten Moldau, der andere vom jenseits des Berges und unweit der Warmen Moldau gelegenen Guthausen und der dritte vom Pfarrdorf Böhmisch Röhren am ehemaligen Goldenen Steig. Zwei Jahre nach dem Ersten Weltkrieg hatten sich hier 5000 Gläubige zu einer großen Friedenswallfahrt versammelt. Die Kapelle und das Gnadenbild, das das Christuskind und Maria mit einer Rose zeigt, haben eine interessante Geschichte.

Sie begann, wie so vieles in dieser Gegend, am Goldenen Steig. Der mündlichen Überlieferung nach lud um das Jahr 1600 bei der Säumerbrücke eine bescheidene Holzkapelle zur Andacht ein. Vermutlich stand sie südwestlich der Brücke bei den Wallerner Schanzen. Während der unruhigen Zeiten des drei Jahrzehnte dauernden europäischen Glaubenskrieges brachte ein Vogelhändler mit dem Namen Wenzel das Gnadenbild in Sicherheit. Er versteckte es vor den Schweden zwischen Felsen am Tussetberg. Der Stein, hinter dem es später ein Säumer fand, heißt heute noch Bravenzelfelsen. Der gläubige Mann befestigte das Bild an einem Baum in der Nähe einer Quelle. In der Folgezeit verweilten hier immer wieder Menschen in stiller Andacht und erfrischten sich am klaren Quellwasser. In einem Opferstock unter dem Marienbild wurde Geld für verunglückte und verarmte Säumer gesammelt. Hinter diesem romantisch stillen Ort ragt der Tussetfelsen zwischen mächtigen Bäumen in den Himmel. Von dort oben schweift der Blick zurück gen Süden zum breiten Waldrücken, der den Hochstein mit dem Dreisessel und dem Plöckenstein verbindet. Auf der Aussichtswarte des Tussetfelsens soll schon in den frühen Zeiten der »Gulden Straß« eine Art Holzburg zum Schutz und zur Überwachung der beiden Handelswege Goldener Steig und Haidweg gestanden haben. Für die Erbauer hält man das mächtige Geschlecht der Witigonen.

Entscheidend für den Bau der Tussetkapelle wurde ein merkwürdiges Ereignis am Ende des 18. Jahrhunderts. Damals lebte im Marktflecken Wallern der erblindete Schmiedemeister Jakob Klauser. In drei aufeinanderfolgenden Nächten hörte er eine Stimme, die zu ihm sagte: »Du wirst wieder sehen! Geh nur in den Tussetwald! Dort wirst du ein Bild finden!« Im Traum schaute er ein Marienbild, das allerdings schnell wieder verschwand. Voll Vertrauen betete daraufhin Jakob Klauser. Und siehe da, sein Augenlicht kehrte zurück. Der wieder Sehende machte sich auf den Weg zum Tussetwald und fand dort am Baum das Bild. Vier Tage später fuhr Klauser mit einem Ochsenkarren, vollgepackt mit Baumaterial und Werkzeug, wieder Richtung Bergwald. Er errichtete dort eine kleine Holzkapelle, in der er das Gnadenbild aufstellte. 1794 beurkundete Jakob Klauser das Vorgefallene. Im Laufe der Jahre pilgerten immer mehr Menschen zu dem legendenumwobenen Ort. Vor allem Augenkranke suchten an der Quelle Heilung. 1804 ersetzte die Marktgemeinde Wallern die bescheidene Holzkapelle durch einen Steinbau. Als dann 1810 der Streit um Waldnutzungsrechte zwischen den selbstbewußten Wallernern und dem Fürsten Schwarzenberg ausgefochten wurde, brachten die Wallerner das Gnadenbild kurzerhand in ihre Pfarrkirche. Dort ist es beim großen Stadtbrand im Jahre 1863 mitsamt der Kirche in Flammen aufgegangen.

In der Kapelle oben im Tussetwald hatte man in der Zwischenzeit ein neues Bild aufgestellt. Gemalt hatte es der Wallerner Künstler Ignaz Schraml (1762–1846). Mit der Beendigung des Waldstreits wurde die Zuständigkeit für die Kapelle der Pfarrei Böhmisch Röhren übertragen. 1864 wurde die steinerne Kapelle erneuert, und 1867 erhielt sie den Vorbau mit Holz im skandinavischen Stil. Weil das Bild nicht rechtzeitig restauriert wurde, unterlag es im feuchten Klima des Bergwaldes relativ schnell der natürlichen Verwitterung. So wurde 1884 wieder ein neues Bild aufgestellt. Es stammte von der Kunsthandlung Josef Müller in München und verblieb bis

**Das Gnadenbild in der Tussetkapelle. Als Schutzfrau des Böhmerwaldes wird Maria von den Böhmerwäldlern hoch verehrt. 1920 pilgerten bei einer Wallfahrt 5000 Gläubige zur Gnadenmutter unter dem Tussetfelsen.**

1956 in der Kapelle. Anschließend stellte man es in Guthausen vor Plünderern sicher, und auf Umwegen gelangte es dann in die originalgetreu nachgebaute Tussetkapelle in Philippsreuth. Erneut erhielt die Kapelle im Tussetwald ein Ersatzbild aus dem Pfarrhof Wallern. Der dortige Malermeister Karl Rauscher hatte es geschaffen. Als dann die zusammenfallende Kapelle dem Bild immer weniger Schutz bieten konnte, verschwand es ebenfalls und galt bald als verschollen. 1987 tauchte es wieder auf, und nachdem es restauriert worden war, fand es ebenfalls in der Philippsreuther Gedächtniskapelle eine Bleibe.

Erwähnenswert ist auch die sogenannte Rindenmadonna. Der Pfarrer Pechtl ließ bald nach der Jahrhundertwende, vermutlich in Krummau, zwei Marienbilder mit der Rose malen. Eines war für den Seitenaltar in der Röhrener Kirche bestimmt und wurde mit der Kirche vernichtet. Das andere, eingefaßt von nicht entrindetem Holz, verwahrte man in der kleinen Sakristei am Tussetberg, um es bei größeren Wallfahrten im Freien den Gläubigen zur Schau zu stellen.

Dieses Bild der »Rindenmadonna« wickelte Fräulein Hedwig Blechschmid bei der Vertreibung um einen Besenstiel. So verwahrt, brachte sie es versehrt über die Grenze. Über die Kirche in Jandelsbrunn und die Kapelle am Dreisessel fand auch dieses Bild den Weg in die Gedächtniskapelle am Grenzort Philippsreuth. So grüßt nun Maria mit der Rose und ihrem Kind gleich dreimal von den Wänden der Gedenkkapelle. Auch ein Kreuzweg mit den Landschaften der Heimatdörfer im Böhmerwald erinnert in dem bayerischen Grenzort Philippsreuth an das verlorene Zuhause.

In die altehrwürdige Gnadenkapelle unterm Tussetberg, nur wenige Kilometer Luftlinie entfernt, jedoch bis 1989 durch den Eisernen Vorhang abgetrennt, regnete und schneite es inzwischen hinein. Ihr Schicksal schien besiegelt. Doch noch vor der großen Wende sollte es anders kommen. Darüber berichtete die Frankfurter Allgemeine Zeitung vom 8. Dezember 1990: »Als Mitte der 80er Jahre zehn Kilometer westlich im bayerischen Philippsreuth eine Kopie der Tussetkapelle gebaut wurde, kam dem Dichter Petr Pavlik ein Zufall zu Hilfe. Der oberste Parteisekretär für Südböhmen kam beschwipst in das Haus des Dichters. Er bekam Kaffee, Rum, nach Rum Wodka und nach Wodka Slivovitz. Dann redete der Dichter dem Genossen in die Seele: ›Genosse, was werden wir tun? Die Bayern bauen in Philippsreuth eine Kopie unserer bereits zerstörten Kapelle. Das dürfen wir uns doch von den Deutschen nicht gefallen lassen! Sagen Sie, Genosse, ein Machtwort, wir werden unsere Kapelle aufbauen und denen drüben eins auswischen!‹«

Der Genosse Parteisekretär soll sich erhoben und mit lauter Stimme gesagt haben: »Sie haben meinen Segen! Richten Sie Ihre originale Tussetkapelle wieder her, damit die Bayern drüben wissen, daß sie es hier nicht mit Barbaren, sondern mit kulturell veranlagten Leuten zu tun haben!«

Daraufhin flossen Geldmittel aus dem Fonds der Denkmalpflege, und so entstand aus den Ruinen erneut die Kapelle unterm Tussetfelsen. Am 25. August 1990 weihte der Bischof von Budweis die Kapelle im Beisein vieler Tschechen und Deutschen.

**Die Tussetkapelle im Böhmerwald war einst ein beliebtes Wallfahrtsziel der deutschen Bewohner in den umliegenden Dörfern. Drei Kreuzwege führten aus verschiedenen Tälern zu ihr hinauf.** ▷

# Adalbert Stifter, Dichter des Böhmerwaldes

Die Fußwanderung auf dem Unteren Weg nach Prag beginnt im Anschluß an eine Schiffahrt auf der Donau im ehemals fürstbischöflichen Obernzell. Über den Marktflecken Wegscheid und die Ortschaft Breitenberg nähert sich der Wanderer dem mächtigen Waldrücken des Dreisesselberges. Wir sind damit in der Heimat Adalbert Stifters, dem Dichter des Böhmerwaldes. Seine Gedichte und Erzählungen werden sowohl im deutschsprachigen Raum als auch in den slawischen Ländern gelesen und geschätzt. Seit der Eiserne Vorhang zwischen den Staaten gefallen ist, gilt es, die Vorhänge zwischen den Menschen hüben und drüben zu lichten. Adalbert Stifter kannte diese Hindernisse nicht. Für ihn war der Wald diesseits und jenseits des Grenzkammes eine Einheit. Er ist der Dichter des »sanften Gesetzes«, gemäß dem jeder und jedes geachtet, geehrt und ungefährdet neben dem anderen besteht. Gibt es etwas Aktuelleres nach all dem, was zwischen Tschechen und Deutschen in den letzten Jahren geschah?

Bei den Lackenhäusern am Eingang zum Rosenberger Gut – die Wanderroute führt unmittelbar daran vorbei – lesen wir: »Hier weilte der Dichter des ›Hochwaldes‹ Adalbert Stifter wiederholt zur Erholung, hier schrieb er seinen ›Witiko‹ 1855 bis 1866.« Im Jahre 1865, drei Jahre vor seinem Tod, schrieb Stifter an seinen Rosenberger Freund: »Meine ganze Seele hängt an der Gegend, und wenn ich irgendwo völlig genese, so ist es dort.« Die beiden Räume, in denen Stifter hier wohnte und arbeitete, sind nach Anfrage für jedermann zugänglich. Die übrigen Gebäudeteile sind als Jugendherberge eingerichtet, und auf der anderen Straßenseite steht ein Gasthaus. Auch Stifters Geburtshaus nördlich des Lipno-Stausees ist eine öffentliche Gedenk- und Erinnerungsstätte.

Geboren wurde der Dichter 1805 in Oberplan, im oberen Moldautal, dort, wo der Fluß mit seinem Lauf ein Herz in das Auengelände zeichnete, damals, als es noch keinen Lipno-Stausee gab. Von den Lackenhäusern ist seine Geburtsheimat etwa 20 Kilometer entfernt. Adalbert Stifter war der Sohn eines Webers. Seine Schulzeit verbrachte er als Stipendiat bei den Benediktinern in Kremsmünster. Nach erfolgreichem Abschluß studierte er in Wien Recht, Physik, Mathematik und auch Astronomie, brach dann mit halbem Examen, ohne akademischen Grad, ab und fristete sein Leben mit Stundengeben und als Hauslehrer bei aristokratischen Familien. Die Zeit für sein dichterisches Werk mußte er sich stehlen.

Da fiel ein Licht in sein tristes Leben: Fanny Greipl kam aus Friedberg südöstlich vom Plöckenstein. Stifter selbst schreibt im »Hochwald« von einem Doppeltraum, »den der Himmel jedem Menschen einmal und gewöhnlich vereint gibt, den Traum der Jugend und der ersten Liebe«. Doch Fanny war reich und er arm, deshalb verboten die Eltern die junge Liebe. Als artiger Ehemann von Amalia Mohaupt, Hausfrau ohne Poesie, hörte Adalbert Stifter bald auf zu träumen. Diese seine Frau schrieb einmal an ihn: »Du schreibst so ein Confuhses Zeig durcheinander, daß man nicht weiß, was man aus all dem machen soll. In keinem Brife ist ein Geld, welches alle Wunden heile mechte.«

Aus dem jungen Studenten, der voll war von Ideen, Träumen und Hoffnungen, wurde schließlich ein häuslicher und pedantischer Schulrat in Linz (1850–1865). Seine Gedankenwelt war sein Refugium. Von der »elenden Verkommenheit des unzulänglich Wirklichen« floh er in eine schöne Welt, in der das Große und Edle sich im Stillen und Unscheinbaren findet. Italien, das Land seiner Sehnsucht, sah er nie. Einer Freundin schrieb er: »Sie haben oft gesagt, daß Sie nicht glauben, daß ich glücklich bin, und ich habe stets geantwortet, daß ich es aus voller Seele bin. Ich bin es nicht!« Hinzu kam: Seit 1854 plagte ihn immer mehr eine Leberzirrhose. 1867, ein Jahre bevor Adalbert Stifter sein Leben selbst beendete, besuchte ihn der seelenverwandte Peter Rosegger. »Und ich sah die Blässe und die feinen Furchen und eine Art von Harm auf seinem Antlitz.« So schrieb Rosegger später und fuhr fort: »Ich sah die Silberfäden in seinem Backenbart und in den Locken des Haupts, auf welches eben die Sonnenstrahlen fielen. Aber die Sonnenstrahlen taugten ihm nicht, er ließ die Fensterrollen nieder. Und nun wir keinen Sommer mehr sahen, hob er an, von dem Sommer zu sprechen.« Dann führte Stifter den Freund an seinen Lieblingsplatz, an den Plöckensteinsee. Hier schlug für Stifter das Herz des Waldes. Im »Hochwald« schreibt er: »Ein Gefühl der tiefsten Einsamkeit überkam mich jedesmal unbesieglich, sooft und gern ich zu dem märchenhaften See hinaufstieg. Ein gespanntes Tuch ohne eine einzige Falte, liegt er weich zwischen dem harten

**Das Rosenberger Gut bei den Lackenhäusern. Rechts am Eingang ist zu lesen: »Hier weilte der Dichter des ›Hochwaldes‹ A. Stifter wiederholt zur Erholung, hier schrieb er seinen ›Witiko‹ 1855–1866.«**

Geklippe, gesäumt von einem dichten Fichtenbande, dunkel und ernst, daraus manch einzelner Urstamm den ästelosen Schaft emporstreckt, wie eine einzelne altertümliche Säule. Gegenüber diesem Waldbande steigt ein Felsentheater lotrecht auf, wie eine graue Mauer, nach jeder Richtung denselben Ernst der Farbe breitend, nur geschnitten durch zarte Streifen grünen Mooses und sparsam bewachsen von Schwarzföhren, die aber von solcher Höhe so klein herabsehen wie Rosmarinkräutlein. Auch brechen sie häufig aus Mangel des Grundes los und stürzen in den See hinab; daher man, über ihn hinschauend, der jenseitigen Wand entlang in gräßlicher Verwirrung die alten, ausgebleichten Stämme liegen sieht, in traurigem, weißleuchtendem Verhack die dunklen Wasser säumend. Rechts treibt die Seewand einen mächtigen Granitgiebel empor, Blockenstein geheißen… Da in diesem Becken buchstäblich nie ein Wind weht, so ruht das Wasser unbeweglich, und der Wald und die grauen Felsen und der Himmel schauen aus seiner Tiefe heraus, wie aus einem ungeheuern schwarzen Glasspiegel. Über ihm steht ein Fleckchen der tiefen, eintönigen Himmelsbläue. Man kann hier tagelang weilen und sinnen, und kein Laut stört die durch das Gemüt sinkenden Gedanken, als etwa der Fall einer Tannenfrucht oder der kurze Schrei eines Geiers.

Oft entstieg mir ein und derselbe Gedanke, wenn ich an diesen Gestaden saß: – als sei es ein unheimlich Naturauge, das mich hier ansehe – tiefschwarz – überragt von der Stirne und Braue der Felsen, gesäumt von der Wimper dunkler Tannen – drin das Wasser regungslos wie eine versteinerte Träne.«

Von den Lackenhäusern aus kann der Wanderer über den Plöckenstein zum Stifterdenkmal oberhalb der Seewand gelangen. 220 Meter unter ihm ruht dann der See, an dem Stifter so gerne weilte. In den 14,5 Meter hohen Obelisk aus Granitquadern ist eingeschrieben: »Adalbert Stifter, dem Dichter des ›Hochwaldes‹, errichtet 1876–1877.« Auf der anderen Seite des Obelisken ist zu lesen: »Auf diesem Anger, an diesem Wasser ist der Herzschlag des Waldes.« Und weiter: »Im Gebirge: Lieg in hohes Gras gebettet, schaue sehnend nach der Felsenwand.«

Unsere Wanderroute führt zurück zum Plöckenstein und weiter über den Dreisessel zum Hochstein. Zum Ausblick über die vielen Gipfel und Waldrücken die Worte Stifters aus »Der Hochwald«: »Waldwoge steht hinter Waldwoge, bis eine die letzte ist, die den Himmel schneidet.«

Zu den Hauptwerken Adalbert Stifters zählen die Erzählsammlung »Studien« (1844–1850), darin »Die Mappe meines Urgroßvaters« (1841), »Der Hochwald« (1842), »Abdias« (1842), »Der Hagestolz« (1844), »Bunte Steine« (1853) sowie die Romane »Der Nachsommer« (1857)und »Witiko« (1865–67).

Adalbert-Stifter-Gesellschaften wurden 1918 in Wien und 1946 in München gegründet. Außerdem gibt es seit 1950 ein Adalbert-Stifter-Institut in Linz.

# Das Böhmerwaldlied

## Text und Melodie von Andreas Hartauer (1839–1915)

*Tief drin im Böhmerwald,*
*da ist mein Heimatort;*
*es ist gar lang schon her,*
*daß ich von dort bin fort;*
*doch die Erinnerung,*
*die bleibt mir stets gewiß,*
*daß ich den Böhmerwald*
*gar nie vergiß.*

*Es war im Böhmerwald,*
*wo meine Wiege stand,*
*im schönen grünen Böhmerwald.*
*Es war im Böhmerwald,*
*wo meine Wiege stand,*
*im schönen grünen Wald.*

*O sel'ge Kinderzeit,*
*nur einmal kehr zurück,*
*wo spielend ich genoß*
*das allerhöchste Glück,*
*wo ich am Vaterhaus*
*auf grüner Wiese stand*
*und weithin schaute auf*
*mein Heimatland.*

Refrain:
*Es war im Böhmerwald…*

*Nur einmal noch, o Herr,*
*laß mich die Heimat seh'n,*
*den schönen Böhmerwald,*
*die Täler und die Höh'n,*
*dann scheid ich gern von dir*
*und rufe freudig aus:*
*Behüt dich, Böhmerwald,*
*ich geh nach Haus!*

Refrain:
*Es war im Böhmerwald…*

Das Böhmerwaldlied zählt zu den bekanntesten Heimatliedern. Gedichtet und auch vertont hat es Andreas Hartauer. Er wurde auf der Glashütte in Stauchau (Stachy) geboren. Das Dorf liegt an der Straße von Winterberg nach Bergreichenstein. Seine Jugend verbrachte er in Goldbrunn (Zlatá Studna), nördlich von Außergefild (Kvilda). Wie sein Vater, so wurde auch Andreas Glasmacher. Zwei Jahre arbeitete er auf der Hütte in Eleonorenhain (Lenora), später viele Jahre in Bürgstein. Dieser Ort liegt in Nordböhmen am Südwestfuß des Lausitzer Gebirges. Dort, fern der Heimat, dichtete er: »Tief drin im Böhmerwald…« Im Jahre 1883 zog er mit seiner Frau nach St. Pölten bei Wien. Mit Erfolg betrieb er dort ein Geschäft mit Glas- und Porzellanwaren. Schließlich führte familiärer Streit zum geschäftlichen Ruin. Das Haus mitsamt dem Geschäft wurde verkauft. Ein Jahr nach Beginn des Ersten Weltkrieges starb Andreas Hartauer. Er liegt auf dem Friedhof von St. Pölten begraben.

Auf Betreiben des Heimatkundlers Dr. Rudolf Kubitscheck wurde oberhalb der Glashütte von Eleonorenhain ein Gedenkstein für den Schöpfer des Böhmerwaldliedes errichtet. Bei einer Feier am 25. Juli 1937 wurde der Obelisk aus dunklem Granit enthüllt. Der Stein hat die Kriegs- und Nachkriegsjahre nahezu unbeschädigt überdauert.

Bekannt gemacht und weithin verbreitet hat das Böhmerwaldlied Maximilian Schmidt (1832–1919). Er, dem Prinzregent Luitpold 1898 für seine Verdienste um den Bayerischen Wald den erblichen Namenszusatz genannt »Waldschmidt« verlieh, hörte zwei Mädchen in einem Grenzdorf bei Freyung das Lied singen. Der Hofrat und bayerische Heimatdichter war von dem Gehörten begeistert. Er ließ das Lied in Noten setzen, vervielfältigte es und verschickte die Blätter in alle Ortschaften des Waldes. Zuerst veröffentlicht wurde dieses Lied in der Schlesischen Zeitung in Breslau. Im Jahre 1893 machte Maximilian Schmidt das Böhmerwaldlied zum Leitmotiv seiner Erzählung »Am Goldenen Steig«. Schmidt war in München um die Jahrhundertwende eine stadtbekannte Persönlichkeit. Als ehemaliger Erziehungsoffizier im Kadettenkorps, zu dem auch Prinz Ludwig, der spätere Märchenkönig, gehörte, und als Autor und Regisseur beliebter Theaterstücke hatte er die Gunst der königlichen Familie gewonnen. Schmidt war Mitbe-

**Mahnmal der Böhmerwäldler an ihre Vertreibung aus der angestammten Heimat. Angesichts der weltweiten sogenannten ethnischen Säuberungen ist dieses Denkmal der Bildhauerin Berta Klement aktueller denn je.**

gründer des bayerischen Fremdenverkehrsverbandes, Ehrenpräsident des bayerischen Waldvereins und Ehrenbürger mehrerer Orte im Bayerischen Wald. Seine runden Geburtstage wurden in München wie Volksfeste begangen. Bei all diesen Ehrungen und Feiern Waldschmidts war es guter Brauch geworden, das Lied »Tief drin im Böhmerwald…« anzustimmen.

Für die vielen Waldler, die damals nach Übersee aussiedelten, war das Lied ein Stück Heimat, das sie mit hinübernahmen. Und wenn heute auf irgendeinem Friedhof in Österreich oder Deutschland ein vertriebener Mensch aus dem Böhmerwald zur letzten Ruhe gebettet wird, klingt als letzter Gruß aus der verlorenen Heimat diese Melodie über das offene Grab.

# Jan Hus und die Hussiten

NACH der Übernachtung in der altehrwürdigen böhmischen Salzmetropole Prachatitz sollte der Wanderer vom historischen Marktplatz aus zur nächsten Tagesetappe aufbrechen. Nach wenigen Metern, noch bevor er das wehrhafte Píseker Tor durchschreitet, trifft er zur Rechten auf ein mit Sgraffiti geschmücktes und mit Zinnen bewehrtes Haus. Es ist die alte, umgebaute Latein- oder Literatenschule. In den Jahren um 1380 drückte hier Jan (Johannes) Hus die Schulbank. Damals waren kaum 100 Jahre vergangen, seitdem bayerische Siedler die neue Stadt am Fuße des Libín gegründet hatten. Neun Jahre war Jan alt, als der mächtige und bei den Tschechen beliebte Kaiser Karl IV. starb und sein Sohn Wenzel die Regierung übernahm. Hus' erster Biograph, der Priester Jiří Heremita berichtet, Jans Mutter, eine einfache und fromme Frau, habe unterwegs gebetet, wenn sie ihren Sohn in die Schule nach Prachatice geleitete. Bei unserer weiteren Fußtour wandern wir von Prachatitz entlang einer roten Markierung. Sie weist zur 17,5 Kilometer entfernten Helfenburg. Auf den ersten sechs Kilometern folgen wir dem Schulweg des Johannes Hus. Nach etwa eineinhalb Stunden erreichen wir Husinec. Hier wurde Jan Hus am 6. Juli 1369 geboren. Die Entstehung des Ortes wird mit der oberhalb an der Flanitz (Blanice) gelegenen Burg Hus (Gans) in Zusammenhang gebracht. Die Bewohner waren durchwegs Bauern und Handwerker. Die Rosenbergs gewährten ihnen im 16. Jahrhundert das Recht zur Abhaltung von Vieh- und Getreidemärkten. Zum 500. Geburtstag des Reformators im Jahre 1869 versammelten sich in Husinec 60 000 Festteilnehmer. Im Jahre 1905, als der Ort zur Stadt erhoben wurde, zählte er etwa 1 800 Einwohner. Das Geburtshaus von Hus mit der Hausnummer 36 liegt an der ansteigenden Durchgangsstraße. Der heutige Zustand und das Aussehen des Gebäudes entsprechen nicht mehr jenem des 14. Jahrhunderts. Seit 1925 beherbergt das einstöckige, breit hingelagerte Haus das Husmuseum. Das Denkmal des Reformators auf dem Granitsockel in der Ortsmitte wurde 1958 enthüllt. Geschaffen hat es der Nationalpreisträger Karel Lidický.

Vom beschaulichen Ort am Rand des Böhmerwaldes führte der Lebensweg des Jan Hus in die Metropole nach Prag. Dort promovierte er an der von Kaiser Karl IV. 1348 gegründeten Universität zum Magister der freien Künste. Dies war im Jahr 1396. Schon zwei Jahre darauf hielt er an dieser Fakultät Vorlesungen. Zugleich setzte er das Studium der Theologie fort. Zum Priester wurde Hus im Jahre 1400 geweiht, und ein Jahr darauf wählte ihn die artistische Fakultät zu ihrem Dekan. Entscheidend für sein weiteres Leben wurde die Wahl zum Prediger in der Bethlehemskapelle 1402. Zehn arbeitsreiche und fruchtbare Jahre folgten. Hus verstand es, fesselnd und mitreißend zu predigen. Seine Anhängerschaft für eine Reformbewegung in der verkrusteten Kirche wuchs. Sein

**Jan-Hus-Denkmal in seinem Geburtsort Husinec (geb. um 1370) im Tal der Flanitz, 6 km nördlich von Prachatitz. Das Werk des Nationalpreisträgers Karel Lidický wurde 1958 enthüllt.**

**Prag, Altstädter Ring. Das platzbeherrschende Jan-Hus-Denkmal in der historischen Altstadt, geschaffen von Ladislav Saloun, wurde zum 500. Todestag des Reformers im Jahr 1915 errichtet.** ▷

Magisterkollege Stanislav von Znojmo hatte ihn auf die Lehre des englischen Reformators John Wycliffe aufmerksam gemacht. Beide standen unter dem Einfluß der europäischen Reformbewegung des Hochmittelalters. Sie wandten sich gegen die zu starke Verweltlichung der Kirche. Dabei verurteilten sie das Streben der Kirchenoberen nach irdischem Besitz und weltlicher Macht. Hus setzte sich schon lange vor Luther gegen das Ablaßwesen ein. Auch verurteilte er die Kreuzzugsbulle des damaligen Papstes. Durch seine Förderung der tschechischen Sprache wurde er zum Begründer einer tschechisch-nationalen Bewegung. Zusammen mit seinem Schüler und Freund Hieronymus von Prag gelang es ihm, König Wenzel zu bewegen, im Jahre 1409 das Kuttenberger Dekret zu erlassen. Es besagt: Die Tschechen haben bei allen Verhandlungen, bei denen es um Belange der Universität geht, drei Stimmen und die Ausländer eine Stimme. Vorher war es umgekehrt gewesen. Nachdem Hus nicht nachließ, sowohl von der Kanzel der Bethlehemskapelle wie auch auf dem Lehrstuhl der Universität die Sünden und Verfehlungen der Kirche anzuprangern, entschloß sich der Prager Erzbischof Zbyněk Zajéc von Hasenburg zu Gegenmaßnahmen. Dem Magister Hus wurde das Predigen verboten. Dieser ignorierte

**Tábor. Auf dem Žižkaplatz steht das Denkmal Jan Žižka von Trocnovs (etwa 1370–1424), eines genialen Heerführers der Hussiten, dahinter die Kirche Verklärung des Herrn (1440–1512).**

**Prachatitz, Kirche ▷ St. Jakob. Die 1420 von den Hussiten in der Sakristei eingekerkerten 85 Prachatitzer Bürger versuchten vergeblich, dem brennenden Stroh und Pech durch dieses Fenster zu entkommen.**

jedoch das Verbot. Studenten und die Prager Bevölkerung demonstrierten für Hus. 1410 ließ der Kardinal die Schriften Wycliffes verbrennen und verhängte über Hus den Bannfluch. Später kam das Interdikt über seinen Aufenthaltsort noch hinzu. Hus predigte erneut weiter und reagierte mit Streitschriften. Er verlor die Unterstützung des Königshauses, und auch sein Rückhalt an der Universität bröckelte ab. Als ihm 1412 die Verhaftung drohte, suchte er Zuflucht bei seinen Gönnern auf den Burgen Kozí Hrádek bei Tábor und Krakovec bei Rakovník. 1414 forderte König Sigismund Hus auf, zum Konzil nach Konstanz zu kommen. Er versprach ihm Schutz, Rede- und Handlungsfreiheit sowie eine sichere Heimkehr. Hus, von der Rechtmäßigkeit seiner Lehre überzeugt, glaubte einen entscheidenden Anstoß zur Kirchenreform geben zu können. Am 3. November 1414 traf er in Konstanz ein, am 28. November wurde er inhaftiert, und erst im Juni des nächsten Jahres erhielt er Gelegenheit, seine Thesen öffentlich zu erläutern. Das Kardinalskollegium setzte sich durch: Am 6. Juli 1415 ging Johannes Hus den schweren Gang zum Scheiterhaufen. Noch im Qualm des beizenden Rauches und in den aufzüngelnden Flammen murmelte er Gebete. Im Gegensatz zu seinem Lehrmeister Hus widerrief sein Schüler Hieronymus von

Prag seine Ansichten. Trotzdem wurde er am 30. Mai 1416 ebenfalls verbrannt. Diese Flammen konnten aber das Gedankengut von Wycliffe, Hus und Hieronymus nicht zerstören.

Im Jahre 1419 zogen mehrere tausend Prager von der in der Nähe des Wenzelsplatzes gelegenen Kirche Maria Schnee zum Neustädter Rathaus. Ihr Anführer war der Prediger Jan Želivský (Johann von Seelau). Die Menge forderte die Freilassung der Anhänger von Jan Hus, der sogenannten Hussiten. Die vorwiegend deutschen Ratsherren lehnten dieses Ansinnen ab. Da stürmten die aufgebrachten Menschen das Gebäude und warfen 13 Ratsherren zum Fenster hinaus. Unten auf dem Platz wurden sie dann vollends erschlagen. Die Reformbewegung erweiterte sich zu einem Aufstand der Hussiten gegen die Deutschen. Sie wurden unter Greueln vertrieben, und ihr Besitz wurde beschlagnahmt. Bis zu diesem Zeitpunkt hatten in vielen böhmischen Städten die Deutschen das Übergewicht. Dies galt sowohl für ihre Anzahl wie auch für ihre

soziale Stellung. Als Patrizier genossen sie königlichen Rückhalt. Als der König des Heiligen Römischen Reiches Deutscher Nation, der Luxemburger Sigismund, 1420 auf dem Hradschin zum böhmischen König gewählt wurde, versperrten die Prager ihre Stadttore, und der böhmische Landtag erklärte Sigismund zum Feind der böhmischen Nation. Sophie, die Witwe König Wenzels und Urenkelin Kaiser Ludwigs des Bayern, sowie der neue Prager Erzbischof Konrad von Vechta (1413–1431) versuchten vergeblich, die Autorität der katholischen Kirche wiederherzustellen. Der Aufruhr erfaßte vor allem das dichter besiedelte Mittel- und Südböhmen. Der böhmische Adel setzte einen Ausschuß von drei Sachwaltern für Religionsfragen ein. Diese forderten freie Predigt, Mißachtung ungerechtfertigter Bannsprüche und Überprüfung der Besitztitel des Kirchenguts. Die Bildung verschiedener Reformgruppen konnte nicht verhindert werden. Zu den Gemäßigten zählten die Utraquisten oder Kalixtiner (Kelchner), zu den Radikalen die Taboriten. Im Prager Artikel von 1420 hatte man gemeinsame Forderungen formuliert: Kelchkommunion, Predigtfreiheit, tschechische Messe, Armut der Priester und Bestrafung aller Todsünden. Der radikale Prediger Jan Želivský wurde von besonneneren Kräften gestürzt und 1422 hingerichtet. Die Taboriten waren radikal im Sinne urchristlich-kommunistischer Gemeinschaftsvorstellungen. Sie wählten einen eigenen Bischof. Ihr Name leitet sich ab von dem biblischen Hügel Tabor (Ort der Verklärung Christi). Danach benannten sie ihre neugegründete Stadt auf einer Anhöhe in Mittelböhmen. Zu ihrem Anführer kürten sie Jan Žižka von Trocnov (geb. um 1370). Der einäugige Žižka erblindete 1421 völlig und starb 1424 an der Pest. Ihm folgten Prokop Holý (der Kahle bzw. Große) und Prokop der Kleine.

Gleich 1420 eroberten die radikalen Hussiten Prachatitz und verbrannten 86 Bürger in der Sakristei der Jakobskirche. Das verbogene Fenstergitter zeugt noch heute von ihrem vergeblichen Ausbruchsversuch. 1426 wurde bei Mies und Tachau das Kreuzzugsheer zurückgeschlagen. 1431 reichte bei Taus schon das Feldgeschrei der Hussiten aus, um den Gegner ungezügelt und verlustreich in die Flucht zu schlagen. In den Jahren von 1428 bis 1433 unternahmen die Hussiten Raubzüge nach Österreich, Ungarn, Bayern, Franken, Thüringen, Schlesien, Brandenburg und bis hinauf vor die Tore Danzigs. Erst als 1434 bei Lipany (Lipan) die vereinigten Katholiken und Utraquisten gegen die Taboriten siegten und 1435 die Utraquisten in den Basler Kompaktaten voll anerkannt wurden, endeten die Hussitenkriege. Ihr Ergebnis: Die Vormachtstellung der katholischen Kirche in Böhmen war gebrochen. Die Deutschen konnten sich nur im gebirgigen grenznahen Bereich Böhmens behaupten. Die Prager Universität als europäische Einrichtung hatte an Bedeutung verloren. Zu den größten Kriegsgewinnern zählten Teile des Adels und des Bürgertums. Aufschlußreich ist, was Eneas Silvio Piccolomini, der spätere Papst Pius II., nach einem Besuch in Tábor 1451 vermerkte: »Jede Großmutter in Tábor könnte die Bibel besser auslegen als so mancher italienische Bischof.«

In Prag erinnern den Wanderer an den Reformer Hus und seine Anhänger das Denkmal auf dem Neustädter Ring, die wiederaufgebaute Bethlehemskapelle unweit der Moldau mit angeschlossener Ausstellung, die Kirche Maria Schnee und das Neustädter Rathaus. Als Nachfolger von Jan Hus und Petr Chelčický gilt die Brüdergemeinde. Sie hat die Forderung der Gewaltlosigkeit zu ihrer Richtschnur erhoben.

# Böhmische Dörfer

Während ich über diesen Zeilen »brüte«, tauchen vor meinem geistigen Auge stille, hügelige Landschaften auf. Sie sind durchsetzt mit Wiesen, Feldern und Wäldern aus Kiefern, Fichten und Birken. Die Feldwege begleiten Raine, gesäumt von Weißdorn, Schlehen, Holunder, Haselnuß und mit Flechten überzogene Natursteinmauern. Hohlwege, dicht gesäumt und halb überdacht von Gehölzen, führen zu Dörfern, die wie Nester in der Landschaft liegen. Mit Mauern, Nebengebäuden und breiten Toren sind die Gehöfte von der Außenwelt abgeschieden. Nicht selten sind die Giebel und Einfahrten barock geschwungen. Da und dort sind auch noch Ziehbrunnen in Betrieb. Das dörfliche Idyll ergänzen in der Mitte des Ortes weiß-gelb gestrichene Kapellen mit einem kleinen Glockendachreiter. Oft verschönern diese kleinen Gotteshäuser auch einen weiten, grünen Dorfanger. Außer gelegentlichem Motorengeräusch, Hundegebell oder Gänsegeschnatter herrscht dörfliche Ruhe. Das eigentliche landwirtschaftliche Betriebsleben spielt sich außerhalb oder am Dorfrand ab, dort, wo große Hallen, mehrere Silotürme und breite Misthaufen auf die Produktionsgenossenschaft verweisen. Nach außen hin und oberflächlich betrachtet, scheint das bäuerliche Leben seinen geordneten Verlauf zu nehmen.

Doch da gibt es auch noch andere Dörfer in Böhmen. Sie liegen in einer Landschaft, die geprägt wird von dunklen, weitgeschwungenen Waldrücken, von ärmlichen Böden und einem rauhen Klima. Viele von diesen grenznahen Dörfern sind halb verfallen, die Kirchen und Kapellen oft nur mehr Ruinen und die Friedhöfe verwildert. In anderen dieser Dörfer in den Grenzgebirgen erlosch das bäuerliche Leben völlig und mit ihm die einst blühende Kulturlandschaft. Aus jahrhundertealten, traditionsreichen Bauernhöfen wurden Wochenendsitze von Stadtbewohnern. Andernorts erinnern nur mehr Steinhaufen und Gartengehölze auf Waldlichtungen daran, daß hier einmal Menschen ihr Zuhause hatten. Gewaltsame Zerstörungen und jahrzehntelangen Verfall in diesen einst schmucken Dörfern überwuchert gnädig Mutter Natur.

In der Umgangssprache bezeichnet man mit dem Ausdruck »böhmische Dörfer« etwas, was einem unbekannt und unverständlich ist. Hätten sich die Tschechen und die Deutschen in den vergangenen Jahrhunderten besser gekannt, verstanden und geachtet, so wäre es zu diesen unterschiedlichen Dörfern nicht gekommen.

Eine Reise in das Nachbarland sollte sich nicht auf das Besichtigen von Sehenswürdigkeiten beschränken. Bei den meisten Auto- und Omnibusreisen ist dies allerdings der Fall. Das »flache Land«, die Provinz, die dort wohnenden Menschen bleiben für die meisten Reisenden »böhmische Dörfer«. Der Fußwanderer hat da wesentlich mehr Gelegenheit, durch menschliche Kontakte das Wesentliche zu entdecken. Doch wegen der Sprachbarriere bleiben immer noch unüberwindbare Mauern bestehen. Die böhmischen Namen wie Hřimecždice oder Smrkovice sind nun einmal für deutsche Zungen schwer aussprechbar. Und wenn ein Sprachstudium geplant wird, dann denkt der Lernbeflissene zuerst an die Weltsprachen Englisch, Französisch, Spanisch und die Urlaubssprache Italienisch. Im Zeitalter der Satelliten und Überschallflugzeuge ist die weltweite Einführung einer Sprache zusätzlich zur jeweiligen Muttersprache längst überfällig.

»Böhmische Dörfer«, so ist auch ein im Jahr 1987 erschienenes Buch aus dem Verlag Paul Zsolnay, Wien/Hamburg, betitelt. Auf 480 Seiten führt Jürgen Serke (geb. 1938 in Landsberg an der Warthe) den Leser durch eine verlassene literarische Landschaft. Gemeint sind die Gedanken von 47 deutschen Dichtern aus Böhmen. Der Autor bezeichnet sie als nicht minder groß als das bekannte Dreigestirn Rilke, Kafka und Werfel. Schließlich bewies der Dichterpräsident Václav Havel: Schriftsteller, die sich nicht von den Wurzeln des Abendlandes trennen, tragen zur Verständigung der Menschen und Völker bei.

**Nordöstlich von Winterberg (Vimperk). Wie Nester in ▷ dem von Gehölzen durchzogenen Vorland des Böhmerwaldes liegen die Dörfer Líbotyně und Uhřice unter dem gleichnamigen 822 m hohen Berg.**

# Prag, die hunderttürmige und tausendjährige Stadt

## Daten und Stichpunkte zur Geschichte

*Am Grunde der Moldau wandern die Steine.*
*Es liegen drei Kaiser begraben in Prag.*
*Das Große bleibt groß nicht und klein nicht das Kleine.*
*Die Nacht hat zwölf Stunden, dann kommt schon der Tag.*
1943, Bertolt Brecht (1898–1956)

| | |
|---|---|
| 25000 Jahre v. Chr. | Erste Lebensspuren. |
| 6000 Jahre v. Chr. | Höhenzüge um Prag bewohnt. |
| ab 3000 Jahre v. Chr. | Handelsniederlassung am Kreuz Bernstein/Salzstraße. Besiedelung durch keltische Boier und germanische Markomannen. Seit dem 5. Jahrhundert n. Chr. wohnen slawische Stämme im Böhmischen Kessel. |
| Um 700 | lebt Libussa auf Levý Hrádek (wenige Kilometer stromabwärts von Prag). |
| 850–895 | Fürst Bořivoj und seine vom Slawenapostel Methodius getaufte Frau Ludmila gründen auf der Höhe westlich der Moldaufurt eine Burg (den Hradschin). Über der heidnischen Kultstätte Žiži erbauen sie eine Marienkirche. |
| Um 920 | baut Sohn Vratislav I. die Georgsbasilika. |
| 921 | Ludmila wird auf Veranlassung ihrer Schwiegertochter Rahomira von Stodor ermordet. |
| 925 | Herzog Wenzel (später heiliggesprochen) stiftet die St.-Veits-Rotunde. |
| 929 | Herzog Wenzel wird von seinem Bruder Boleslav I. ermordet. |
| 965/966 | Der Kaufmann Ibrahim Ibn Jakub besucht die »Stadt aus Stein und Kalk«. |
| 973 | Gründung des Prager Bistums unter Boleslav II. und seiner Schwester Milada. Sie gründet neben der Georgskirche das erste Kloster Böhmens. |
| 1000 | Immer mehr jüdische und deutsche Kaufleute lassen sich nieder. |
| 1085 | Kaiser Heinrich IV. krönt Vratislav II. (Herzog 1061–1085) auf der Mainzer Synode zum König. |
| 1105 | Erste Berichte über regelmäßige Märkte in Prag. |
| 1125 | Tod des Cosmas von Prag, Dechant und bedeutender Chronist, erster Historiker Böhmens. |
| 1172 | Die steinerne Judithbrücke wird vollendet (sie zählte zu den ältesten Steinbrücken in Europa). |
| um 1230 | Die Altstadt erhält Stadtprivilegien und Befestigungsanlagen. |
| 1267 | König Ottokar II. Přemysl legt für deutsche Kolonisten die Kleinseite an. |
| gegen 1300 | Die Königliche Münze prägt den Prager Groschen. Dieser wird im ganzen Römischen Reich Deutscher Nation geschätzt. |
| 1344 | Das Prager Bistum wird zum Erzbistum erhoben. |
| 1346–1378 | Regierungszeit Karls IV., Blütezeit der Stadt Prag. |
| 1348 | Das Carolinum, die erste Universität Mitteleuropas, wird gegründet. |
| ab 1353 | Peter Parler baut am Veitsdom. |
| gegen 1380 | Beginn des Baus der Karlsbrücke. |
| 1389 | Zerstörung des jüdischen Ghettos und Pogrom. |
| 1396 | Jan Hus promoviert zum Magister der freien Künste. |

**Der Prager Wenzelsplatz, Mittelpunkt ▷ der Neustadt, wurde 1348 im Auftrag Kaiser Karls IV. angelegt. Früher diente der Platz als Roßmarkt, heute schließt ihn das Nationalmuseum ab.**

DŮM MÓDY

**Prag. Die Prachtfassaden aus der Gründerzeit am Moldau-Kai, südlich des Nationaltheaters, bilden die westliche Schauseite der Neustadt.**

1402–1412 Jan Hus ist Prediger an der Bethlehemskirche.

1409 König Wenzel IV. erläßt das Kuttenberger Dekret.

1412 Jan Hus verläßt Prag und sucht Zuflucht auf Burgen bei Tábor.

1415 Jan Hus wird in Konstanz auf dem Scheiterhaufen verbrannt.

1419 Erster Prager Fenstersturz, Beginn der Hussitenkriege (Ende 1435).

1556 Die Jesuiten werden von Ferdinand I. nach Prag geholt.

1576–1612 Regierungszeit Kaiser Rudolfs II., zweite Blütezeit, Tycho Brahe und Johannes Kepler in Prag.

1618 Zweiter Prager Fenstersturz, Beginn des Böhmischen und des Dreißigjährigen Krieges.

1620 Schlacht am Weißen Berg.

1621 27 protestantische Anführer, Mitglieder des böhmischen Hochadels werden auf dem Altstädter Ring hingerichtet.

1634 Schwedische Besatzung in Prag.

1648/49 Erneut schwedische Besatzung in Prag.

1741 Sachsen, Bayern und Franzosen belagern fast zwei Monate lang Prag und nehmen schließlich die Stadt im Sturm ein.

1740–48 Zeit des Österreichischen Erbfolgekrieges.

1744 Zwei Wochen lang Beschuß der Stadt durch preußische Artillerie, dann Übergabe und Plünderungen.

1757 In der Schlacht bei Prag besiegt Friedrich der Große die Österreicher und belagert erfolglos die Stadt. Von der Prager Bevölkerung sind 50 Prozent Deutsche.

1784 Die vier selbständigen Prager Städte werden unter Kaiser Joseph II. vereinigt.

1796 Die Gemäldegalerie patriotischer Kunstfreunde entsteht.

1816 Gründung der Akademie der Künste.

1818 Gründung des Nationalmuseums.

1835 Die erste öffentliche tschechische Bibliothek wird eröffnet.

1857 Nach wie vor ist jeder zweite Prager ein Deutscher.

1861 Die Deutschen verlieren im Stadtparlament erstmals die Mehrheit.

1882 Die Karls-Universität wird in eine deutsche und in eine tschechische Hochschule gespalten.

1918 Prag wird Hauptstadt der unabhängigen Republik Tschechoslowakei. Aufschwung zu einer modernen Großstadt.

1921 Gründung der Kommunistischen Partei der ČSR.

1939 Die deutsche Wehrmacht besetzt Prag. Für sechs Jahre ist es die Hauptstadt des Protektorats Böhmen und Mähren. Ermordung der Prager Juden in Auschwitz.

1945 Die Sowjetarmee marschiert in Prag ein. Die Deutschen werden ermordet oder vertrieben.

1948 Die ČSR wird eine volksdemokratische Republik. Außenminister Jan Masaryk wird tot unter dem Fenster seiner Dienstwohnung aufgefunden. Der als »dritter Prager Fenstersturz« verzeichnete Vorfall bleibt ungeklärt.

**Prag, Wenzelsplatz (Vaclavské namesti). Denkmal des heiligen Wenzel (geb. um 904, Herzog etwa 924–929/35) mit den vier böhmischen Schutzpatronen, den Heiligen Adalbert, Prokop, Ludmila und Agnes.**

1968 Aufstand und Niederschlagung des »Prager Frühlings«.

1974 Erste Trasse der Metro geht in Betrieb.

1988/89 Friedliche Umwandlung von der kommunistischen Diktatur in eine Demokratie. Treibende Kraft sind die Prager Studenten und die Bürgerrechtsbewegung Charta 77 unter Václav Havel.

1990 Gründung der Tschechisch-Slowakischen Föderativen Republik (ČSFR); der Schriftsteller Václav Havel wird Präsident.

1993 Die Tschechische und die Slowakische Republik werden eigenständige Staaten.

# Sagenumwobener Vyšehrad

Zwei Burgberge flankieren die Moldau bei ihrem Lauf durch das historische Prag. Im Nordwesten ist es der Hradschin und im Südosten der Vyšehrad. Gut drei Kilometer liegen sie auseinander. Dazwischen erstrecken sich die Neustadt, die Altstadt und die Kleinseite. Auch der Vyšehrad, die Hohe Burg, war einmal Sitz der Regierenden. In jüngerer Zeit haben die Archäologen herausgefunden: Erst nach dem Jahr 950 nach Christus hat man auf dem Vyšehrad Wälle errichtet. Demnach ist die Residenz auf dem Hradschin älter. Vratislav II., der von 1061 bis 1092 regierte, erbaute auf dem Vyšehrad einen Königspalast und daneben eine St.-Peter-und-Paul-Kirche. Doch schon im 12. Jahrhundert unter Vladislav II. (1140–1173) regierten die Přemysliden wieder auf dem Hradschin. Die Bauten auf dem Vyšehrad verfielen. Trugen diese Ruinen zur Entstehung der Sagen bei? Sie handeln in grauer Vorzeit und beziehen den Vyšehrad in ihre Erzählungen mit ein.

Nach Cosmas, dem Prager Domherrn, ist der Urahn der Tschechen ein Bohemus Čech. Mit seinen Brüdern und seinem Gesinde sei er aus Kroatien auf den Georgsberg zwischen Raudnitz und Mělník gekommen. Sein Sohn Croccos hatte drei Töchter: Kaz, Tetka und Libussa. Letztere wurde Richterin und Wahrsagerin ihres Volkes. Sie soll keusch gelebt haben und bei ihrem Volk beliebt und geachtet gewesen sein. Bei der Schlichtung eines Streits zwischen zwei Männern schmähte der Unterlegene Libussa als Frau mit langem Haar und kurzem Verstand. Er beklagte das bittere Los der Böhmen, die sich zu ihrer Schande von einer Frau regieren ließen. Libussa dagegen warnte vor der grausamen Herrschaft eines Fürstenmannes. Auf das Drängen des Volkes hin schickte sie Abgesandte auf die Reise. Ihr Pferd gab sie ihnen als Wegweiser mit. So gelangten sie in das Dorf Staditz (Stadice) bei Bilin, wo sie Přemysl beim Pflügen seines Feldes fanden. Der Ackersmann Přemysl wurde zu Libussa gebracht und mit ihr vermählt. So wurde Přemysl zum Ahnherrn der Přemysliden. Mit der Doppelherrschaft von Libussa und Přemysl ging das frühe Goldene Zeitalter zu Ende. Unter der Herrschaft Libussas soll es noch keine geregelten gesellschaftlichen Beziehungen gegeben haben. War dies eine längere Zeit des Matriarchats? Die Burg, auf der Libussa einst herrschte, wird nicht näher bezeichnet. Angeführt wird: Libussa gründete Prag von einem kleinen Herrschaftszentrum (villa) aus, welches vom künftigen Fürstensitz 30 Stadien entfernt war. Libussa weissagte: »Ich sehe eine Stadt, deren Ruhm bis zu den Sternen reicht…« Auf dem Vyšehrad deutet man seit den Zeiten der Romantik eine gotische Ruine in einer Felswand als »Libussas Bad«.

Cosmas, der Domdechant, schrieb über Přemysl und sieben andere Fürsten: »Sie waren dem Bauch und dem Schlaf ergeben, waren ungebildet und ungelehrt und dem Vieh ähnlich.« Über den Mägdekrieg erzählt Cosmas: »Amazonenhafte Jungfrauen wuchsen ohne Joch auf. Sie trugen Männertracht, betrieben Sport und auch Krieg. Ihre Burgstätte erbauten sie sich auf dem Hügel Devin. Die Männer dagegen nisteten sich auf dem Vyšehrad ein. Zwischen den Geschlechtern gab es bald Frieden, bald Krieg. Während der friedlichen Zeiten feierte und spielte man gemeinsam. In der Nacht nach einem solchen Fest blies einer der Jünglinge auf dem Horn, die goldene Venus lockte mit dem Sistrum des Isiskultes. Dann trug jeder der Männer eine Jungfrau fort. Am darauffolgenden Morgen wurde die Burg in Brand gesteckt. Seit dem Tod Libussas sind die Frauen in der Gewalt der Männer.« Im erotischen Bericht des geistlichen Geschichtsschreibers fehlt es nicht an derben Ausdrücken und schlüpfrig-ausschweifenden Szenen. Und so bemerkt der Historiker Friedrich Prinz in seinem Buch »Böhmen im mittelalterlichen Europa«: »Der hohe Prager Geistliche, der wohl wie alle seine Standesgenossen unter den harten Zölibatsforderungen der gregorianischen Kirchenreform stand, verschmähte es nicht, seiner erotischen Fantasie wenigstens für die graue Vorzeit freien Lauf zu lassen.«

Zurück zum historisch faßbaren Vyšehrad: Unter der St.-Laurentius-Basilika existiert ein vorromanischer Sakralbau aus dem 10. Jahrhundert. Schon Vratislav II. gründete im 11. Jahrhundert auf dem felsigen Hügel am Fluß ein Kollegiatsstift, das

**Prag, sagen- und legendenumwobener Vyšehrad. ▷ Im Park vor der Basilika St. Peter und Paul stehen Monumentalfiguren von Václav Myslbeck. Sie entstammen dem tschechischen Sagenkreis.**

**Prag, Vyšehrad, Sankt-Martins-Rotunde. Sie zählt mit zu den ältesten Bauwerken der Residenzstadt an der Moldau. Erbaut wurde sie zwischen 1075 und 1100.**

**Prag, Vyšehrad, Grab des berühmten Komponisten Bedřich (Friedrich) Smetana. Mit seiner Oper »Libuše« erweckt er die Sagenwelt zu neuem Leben. Bekannt ist vor allem seine sinfonische Dichtung »Mein Vaterland«.**

mit Besitzungen am Goldenen Steig beschenkt wurde. Zwischen den Jahren 1075 und 1100 wird die jetzt noch erhaltene St.-Martins-Rotunde erbaut. Das Špičator, von dem nur noch Mauerreste stehen, geht auf die Jahre 1348 bis 1350 zurück. Von der gotischen Burgmauer sind noch zirka 140 Meter zu sehen. Im Jahre 1420 eroberten die Hussiten den Vyšehrad. Danach wurde der Berg mit Wohnhäusern bebaut. Mitte des 17. Jahrhunderts verwandelte man die Stadtburg in eine barocke Festung. In diesem Zusammenhang erbaute man im Südosten das Tábortor (um 1650) und das Leopoldstor (1678). Letzteres bildet den Zugang zum inneren Festungsbereich. Die früher vorhandene Zugbrücke wurde 1842 durch einen Wall ersetzt. Die barocke Festung bestand bis 1866. Seitdem arbeiten die Archäologen auf dem sagenumwobenen Hügel.

Die dreischiffige Basilika St. Peter und Paul wurde mehrmals erneuert. Sie birgt die Gräber von Vratislav II. (gest. 1092), Konrad I. Otto (gest. 1092), und Soběslav I. (gest. 1140). Kaiser Karl IV. stiftete ein Tafelbild der Jungfrau Maria. Dort, wo vor 1000 Jahren der Königspalast stand, gestalteten Gärtner 1927 einen Park. Geschmückt ist er mit den Monumentalfiguren von Josef Václav Myslbeck. Sie zierten bis 1948 die Palackýbrücke. Die Themen, die sie ansprechen, entstammen dem tschechischen Sagenkreis. Die mächtigen Figuren stellen dar: »Lumir und das Lied«, »Ctirad und Šárka«, »Záboj und Slavoj« und »Libuše und Přemysl«. In der neuen Dekanei (1877–1879) ist eine Ausstellung zur Geschichte des Vyšehrads eingerichtet. Der ehemalige Pfarrfriedhof des Vyšehrader Kapitels wurde in den 70er Jahren des vergangenen Jahrhunderts in einen nationalen Ehrenfriedhof umgewandelt. Die bedeutendsten tschechischen Bildhauer schufen die sehenswerten Denkmäler für die berühmten Verstorbenen. Unter anderen liegen hier begraben: Die Schriftsteller Karel Čapek und Jan Neruda, der Maler Nikoláš Aleš, die Bildhauer V. Levý und O. Španiel und der Komponist Antonin Dvořák. Im anschließenden Slavin, der gemeinsamen Grabstätte der größten Tschechen, ruhen die Bildhauer Josef Václav Myslbeck, Bohumil Kafka und Ladislav Šaloun, der Geigenvirtuose Jan Kubelík und etwa 50 weitere Berühmtheiten.

Auch der weltberühmte Musiker Friedrich (Bedřich) Smetana, der mit seiner Oper »Libuše« die Sagenwelt wiedererweckte und mit der sinfonischen Dichtung »Mein Vaterland« den Tschechen Nationalgefühl vermittelte, liegt auf dem Vyšehrad begraben. Im Dezember 1874 beendete der erblindete Künstler das Musikstück »Die Moldau« aus diesem sechsteiligen Zyklus. Wie eh und je fließt ihr Wasser am Fuß des Vyšehrads dem Hradschin und der Karlsbrücke entgegen. Zwei Brücken vorher endet für den Wanderer die Schiffahrt im Herzen der Goldenen Stadt.

# Das Finale der Wanderung: Auf dem Königlichen Weg zum Hradschin

DORT, wo einst mächtige Herrscher im prunkvollen Ornat durch das goldene Prag zogen, verlaufen die letzten zweieinhalb Kilometer unserer Wanderung. Einen der prächtigsten Königszüge erlebten die Prager, als die Kaiserin Maria Theresia am 12. Mai 1743 durch die Stadt und hinauf zum Hradschin zog. Auch Kaiser Leopold II. nahm im September 1791 diesen Weg und ließ sich im Veitsdom mit den Kleinodien zum König Böhmens krönen. Aus Anlaß dieses Festes komponierte Wolfgang Amadeus Mozart die Oper »Titus«. Während der Königszüge wurde Salut aus mehreren Kanonen geschossen. Eine Ausnahme machte man allerdings beim Kurfürsten Friedrich V. von der Pfalz, dem nachmaligen »Winterkönig«. Da er Angst vor Kanonenschüssen hatte, verzichteten die Prager auf diese martialische »Begleitmusik«. Am 7. September 1836 wurde zum letzten Mal mit großem Pomp ein böhmischer König gekrönt. Die Zeremonie galt dem Habsburger Kaiser Ferdinand Franz Joseph I., Kaiser von 1848 bis 1916, versprach wohl, sich in Prag krönen zu lassen, doch löste er dieses Versprechen nicht ein. Die Prager haben ihm dies zeitlebens nicht vergessen.

Nach der Krönungsordnung Karls IV. hätten die Zeremonien eigentlich auf dem Vyšehrad beginnen müssen. Sein Krönungszug im 14. Jahrhundert bewegte sich von dort über den Karlsplatz zum Altstädter Ring und dann zum Hradschin. Da aber seine Nachfolger im 15. Jahrhundert im neuerbauten Königshof in der Altstadt regierten, ergab sich für die folgenden Jahrhunderte eine Routenänderung.

Der erinnerungsträchtige Weg beginnt am Pulverturm, dort, wo im Königshof von 1382 bis 1484 die böhmischen Könige residierten. Der Turm, den 1475 der Jagellonenkönig Vladislav II. (König 1471–1516) als Teil des Königspalastes und der Stadtbefestigung erbauen ließ, diente 200 Jahre später als Pulvermagazin. Das 65 Meter hohe spätgotische Bauwerk ist bis zur Aussichtsgalerie für jedermann zugänglich.

Mit der 400 Meter langen Zeltnergasse (Celetná ulice) beginnt unser Besichtigungsweg. Ihr Name ist auf die Honigbäcker (Zeltner) zurückzuführen. Mehrere Häuser in dieser Straße sind mit kunstvollen Ornamenten, Bildern und Figuren geschmückt. Die Häuser Nummer 16 »Zu Karl dem Kaiser« und 20 »Buquoy-Haus« gehören seit über 200 Jahren zur Universität. Die Durchgänge führen zum Hauptkomplex des altehrwürdigen Carolinums (gegründet 1348). Im Haus Nummer 36 wurden schon im 15. Jahrhundert Münzen geprägt. Ab 1539 waren es die in ganz Europa begehrten böhmischen Dukaten und Taler. Die Zeltnergasse mündet in den Altstädter Ring (Staroměstské náměstí). Dieser Platz mit seinen interessanten Bauwerken zählt zu den 20 denkmalgeschützten Ensembles der Stadt. Hier war einst der erste Markt Prags. Er entstand an einer Kreuzung alter Handelsstraßen. Den Platz beherrscht das Jan-Hus-Denkmal. Zum 500. Todestag des Reformators im Jahre 1915 schuf es L. Šaloun. Etwa in der Platzmitte ist ein Zeichen für den Prager Meridian. Im Mittelalter diente er zur Zeitfestlegung. Flankiert wird der Altstädter Ring von der gotischen Teynkirche und der barocken Nikolauskirche (siehe hierzu das Kapitel »Kirchen, Einkehren für Seele und Geist«). Westlich neben der Nikolauskirche in der ehemaligen Prälatur wurde 1883 der Schriftsteller Franz Kafka geboren. Auf der anderen Platzseite an der Ecke Železnágasse im Haus »Zum goldenen Einhorn« eröffnete 1848 Friedrich Smetana seine Musikschule. Links vor der Teynkirche sollte man das barocke Palais Kinsky und das Haus »Zur Steinernen Glocke« näher in Augenschein nehmen. Letzteres wurde im 14. Jahrhundert vermutlich für den König Johann von Luxemburg umgebaut. Es dient nun als Ausstellungs- und Konzerthaus. Das bedeutendste Gebäude des Platzes ist das Rathaus der Altstadt. Aufgrund von Privilegien, die Johann von Luxemburg gewährte, wurde mit dem Bau des einstigen Gebäudekomplexes 1338 begonnen. Während der Kämpfe im Mai 1945 wurde der Ostflügel durch einen Brand vollkommen zerstört. Unter dem Rathauserker erinnert eine Bronzetafel an die 27 protestantischen Rebellen, die am 21. Juni 1621 hier hingerichtet wurden. Pflastersteine kennzeichnen die Stelle des Schafotts. 200 Jahre vorher (1422) hatte man im Rathaus den Hussitenprediger Jan Želivský geköpft. Eine Büste erinnert an ihn. Ein besonderes Schmuckstück am Rathausturm ist die astronomische Uhr. Sie besteht aus dem Figurenteil (Vorbeiziehen der Apostel), der sogenannten Sphäre und der Kalenderplatte. Die Figuren bewegen sich zu jeder vollen Stunde zwischen 8 und 20 Uhr. Angebracht wurde die Uhr um das Jahr 1490. Konstruiert hatte sie Nikolaus von

Kaaden (Magister Hanuš) von der Prager Universität. Der fast 70 Meter hohe Turm kann ebenfalls bestiegen werden. Die Mühe wird durch eine prächtige Aussicht über das historische Stadtzentrum belohnt. Die Inneneinrichtung des Rathauses mit Mosaiken, getäfelten Wänden, kostbaren Balkendecken und Holztüren ist sehenswert. Das Haus dient heute als Veranstaltungsort, Standesamt, Museum und Kunstgalerie. Bevor wir den Kleinen Ring (Malé náměstí) betreten, beachten wir noch zur Rechten das mit Sgraffiti-Schmuck verzierte »Haus zur Minute«. Den kleinen Platz verschönert ein schmiedeeiserner Brunnen aus dem Jahre 1560.

Anschließend nimmt uns die von mittelalterlichen Häusern eingefaßte Karlsgasse (Karlova ulice) auf. Die Fassaden wurden teilweise im Stil der Renaissance und des Barocks umgestaltet. Als Zufahrt zum uralten Flußübergang war diese 300 Meter lange Gasse im Mittelalter die Hauptverkehrsader der Stadt. An der Krümmung der Gasse stößt man zur Rechten auf ein reichgeschmücktes Tor. Giganten tragen die mit Vasen gekrönten Torsimse. Geschaffen hat das barocke Clam-Gallas-Palais der Wiener Baumeister Johann Bernhard Fischer von Erlach in den Jahren zwischen 1715 und 1730. Den figürlichen Schmuck schuf der Bildhauer Matthias B. Braun, die Fresken der Innenräume Carlo Carlone. Im Raum oberhalb des Tores musizierten einst Mozart und Beethoven. An einer Gedenktafel am Haus mit der Nummer vier lesen wir, daß hier von 1607 bis 1612 der Hofastronom Johannes Kepler lebte.

Den größten Teil der rechten Gassenseite nimmt das Clementinum ein. Nach der Prager Burg ist es der größte Gebäudekomplex der historischen Innenstadt Prags. Er umfaßt vier der Innenhöfe und drei Sakralbauten. Das verwaiste Kloster übernahmen von 1556 bis 1774 die Jesuiten. Jetzt beherbergt es die Nationalbibliothek und die größte Leihbücherei des Landes. Dem Turm der Sternwarte im Clementinum schenkten die Prager bis zum Beginn unseres Jahrhunderts jeweils um die Mittagszeit ihre besondere Aufmerksamkeit. Oben am 38 Meter hohen Umgang schwang nämlich Punkt 12 Uhr ein Mann eine Flagge in Richtung Letnáhügel. Dort feuerte dann ein Artillerist mit einer Kanone. Dies war für die Prager die Gelegenheit, ihre Uhren nach der Sternwartezeit einzustellen.

Die Karlsgasse mündet in einen der schönsten Plätze Prags, in den Kreuzherrenplatz (Křižovnické náměstí). Umgeben von einem Eisengitter, steht in der Mitte das Denkmal des Kaisers Karl IV. Modelliert hat es der Dresdner Hähnel, gegossen wurde es in Nürnberg. Der Anlaß für die Aufstellung war die 500. Wiederkehr der Universitätsgründung im Jahre 1848. Vor dem

**Prag, Altstädter Ring. Im Hintergrund die Teynkirche. Sie birgt das Grabmal des Astronomen Tycho Brahe (1546–1601). Links das Altstädter Rathaus mit der Astronomischen Uhr.**

**Fensterschmuck im Stil der Renaissance aus dem 16. Jahrhundert und die Inschrift: »Pragu Caput Regni – Prag, Haupt(-stadt) des Reiches« zieren das Altstädter Rathaus in Prag.**

Wanderer liegt nun ein besonderer Höhepunkt des Königlichen Weges: die Karlsbrücke. Den Auftakt bildet der um 1380 nach einem Entwurf von Peter Parler erbaute Altstädter Brückenturm. Im Gegensatz zur Flußseite des Turmes ist die der Stadt zugewandte Seite mit Figuren und Wappen geschmückt. Den Turm beschossen die Schweden von der Kleinseite her im letzten Jahr des Dreißigjährigen Krieges. Da schon im 10. Jahrhundert die Furt als Verbindungsweg zwischen den beiden Stadtteilen nicht mehr ausreichte, erbaute man damals eine Holzbrücke. An ihre Stelle trat in der zweiten Hälfte des 12. Jahrhunderts eine Steinbrücke. Sie hieß nach der zweiten Gattin von Vladislav II. Judithbrücke. Dieser Übergang stand unmittelbar nördlich der jetzigen Brücke. Als Vorbild diente damals die Steinerne Brücke von Regensburg. Den Grundstein zur Karlsbrücke legte der Kaiser höchstpersönlich am 9. Juli 1357. Baumeister war Peter Parler aus Schwäbisch Gmünd. Hochwasserschäden erforderten immer wieder Ausbesserungsarbeiten. Die 31 Figurengruppen wurden erst im Laufe der vergangenen Jahrhunderte aufgestellt. Sieben der Figurengruppen stammen von den Brüdern Emanuel (1810–1901) und Josef Max (1804–1855). Letzterer war der Vater des in München und am Starnberger See bekannt gewordenen Piloty-Schülers Gabriel von Max (1840–1915). Weil er Affen hielt und wegen des Gemäldes »Affen als Kunstrichter« wurde er auch »Affenmaler« genannt. Das Brückenbauwerk ist 520 Meter lang, 10 Meter breit und ruht auf 16 massiven Sandsteinbögen. Was Schwabing für München, der Montmartre für Paris, das ist die Karlsbrücke für Prag: nämlich ein Freiluftatelier und Ort der Begegnung, wo gehandelt und musiziert wird. Die Brücke beschließen auf der Kleinseite zwei Türme. Der kleinere stammt aus der Mitte des 12., der größere aus dem 15. Jahrhundert. Letzterer ist auch für die Allgemeinheit zugänglich.

Nach dem Tor beginnt die Brückengasse (Mostecká ulice). Nummer eins war früher das Zollamt (erbaut 1591), Nummer 15 mit der Rokokofassade und Plastiken von I.F. Platzer ist heute (1992) Sitz der Jugoslawischen Botschaft. Die Gasse mündet in den Kleinseitner Ring (Malostranské náměstí). Die Nikolauskirche mit dem anschließenden Häuserblock teilt ihn in einen Oberen und einen Unteren Ring (Platz). Unten waren früher einmal der Pranger und der Galgen. Das Haus

**Der Königliche Weg, auch Krönungsweg genannt, beginnt am ▷ Prager Pulverturm (Prašná brána). Ihn erbaute 1475 der Jagellonenkönig Vladislav II. zur Zierde seines Königshofes.**

CITADELA

◁ **Prag, Ausschnitt aus der Astronomischen Uhr am Altstädter Rathausturm, geschaffen Ende des 14. Jahrhunderts. Im Bild unten die Kalenderscheibe mit den zwölf Monatsbildern, darüber die sogenannte »Sphäre«.**

**Prag, das große Ziel der Weitwanderung von der Isar an die Moldau. Das meistfotografierte Motiv: die 1357 erbaute Karlsbrücke mit dem darüber aufragenden Hradschin.**

Nummer 25 ist das ehemalige Jesuitenkolleg (erbaut 1674–1691). Die Büste am Kaisersteinpalais (Nr. 23) zeigt die einst weltberühmte Sopranistin Emma Destinová, die hier von 1908 bis 1914 wohnte. Im früheren Kleinseitner Rathaus (Nr. 21) finden jetzt kulturelle Veranstaltungen statt. Den Oberen Ring begrenzen auf der Westseite das Sternberg- (Nr. 19) und das Lichtensteinpalais (Nr. 13).

Geprägt wird das Bild der Kleinseite vom Dientzenhoferschen Bau der barocken Nikolauskirche. Wolfgang Amadeus Mozart, der von den Pragern sehr geschätzt wurde, spielte auf ihrer Orgel. Die Pestsäule vor dem Kircheneingang erinnert an die Seuchenzeit von 1713.

Unser Weg steigt nun an und führt uns in die malerische Nerudagasse. Lange Zeit hatten hier renommierte Gelehrte und Künstler ihr Domizil. So soll im Palais Nummer 5 Joseph Haydn als Kapellmeister gearbeitet haben. Nun ist das Haus Sitz der Rumänischen Botschaft. Neben der Marien- oder Kajetanskirche ist im Barockpalais der Grafen Thun-Hohenstein (1721–1726) die Italienische Botschaft untergebracht. Im Rokokopalais mit der Statue des hl. Nikolaus (Nr. 33) weilten einst bei glanzvollen Konzerten und Bällen Giacomo Casanova und Wolfgang Amadeus Mozart. Fast am Ende der Gasse treffen wir auf das Haus, dessen einstiger Besitzer ihr den Namen gab: Jan Neruda, Schriftsteller und Journalist. Von 1845 bis 1857 wohnte er im Haus »Zu den zwei Sonnen« (Nr. 47). Nach wenigen Schritten erreichen wir dann die Anhöhe und damit den Hradschiner Platz. Auch dort erinnert eine Pestsäule (1726) an die Seuchenjahre. Der Platz ist eingefaßt von einem herrlichen Aussichtsstandort und von stattlichen Palästen: dem Schwarzenberg-, dem Toskana-, dem Martinitz, dem Sternberg- und dem Erzbischöflichen Palais. Die letzten Schritte führen durch drei Tore und drei Burghöfe vor das Portal des Veitsdomes. Drinnen empfängt uns die feierliche Atmosphäre eines mittelalterlichen Doms. Hier, in der Mitte des Hradschins, an den Gräbern von Kaisern, Fürsten und dem Schutzheiligen Wenzel, am Ort mit dem höchsten Symbolgehalt Böhmens, an dem mehr als 20 Könige aus fünf Dynastien die Wenzelskrone empfingen, endet der Königliche Weg und damit auch die Wanderung München – Prag.

# Volkstum am Wanderweg Prag – München – Venedig

Im Jahre 1991 waren genau 150 Jahre vergangen, seit Adolf Kolping zu Fuß von seinem damaligen Studienort München nach Venedig und wieder zurück wanderte. In Verbindung mit der Tatsache, daß seit dem Erscheinen des Buches »Zu Fuß über die Alpen« im Jahre 1977 einige tausend Wanderfreunde aus dem ganzen deutschsprachigen Raum den Weg von München in die Lagunenstadt unternahmen, strebte ich eine Veranstaltung zu diesem Gedenkjahr in München an. Ich dachte dabei an eine Darstellung des unterschiedlichen Volkstums, das bei den Menschen zwischen Bayerns Metropole München und der Lagunenstadt Venedig noch lebendig ist. Letztendlich blieb es dann aber bei der Anregung. Der Grund war die fehlende Trägerschaft für die Veranstaltung.

Mit der Verlängerung der Fernwanderroute von München nach Prag erweitert sich auch das farbenprächtige und melodische Spektrum des von den Menschen am Wanderweg gepflegten Volkstums. Musik und Tanz sind in unterschiedlichster Art und Weise bei den Böhmen, Bayern, Tirolern, Ladinern und Norditalienern zu Hause. Erinnert sei nur an das alljährliche Fest der Dudelsackpfeifer in Strakonitz, an die bayerischen, böhmischen und tirolischen Blaskapellen, an die unzähligen Volksmusik- und Trachtengruppen in diesem Raum, die traditionsreichen Schützenkompanien und Brauchtumsgruppen zwischen Prag, München und Venedig. Ergänzend zu den Volkstumsdarbietungen könnten die tragenden Wirtschaftszweige in den Städten und Landschaften an der Wanderroute vorgestellt werden. Interessant wären etwa Hinweise auf die Verflechtung der Arbeitsart mit dem Standort und den dort beschäftigten Menschen einschließlich ihres sozialen und kulturellen Hintergrundes. Die Vorauswahl der Kulturräume mit ihren Orten ist durch die Wanderroute gegeben. Bei den Wanderern sind reichlich Filmausschnitte und Bilder zu den jeweiligen Landschaften, Städten, Märkten und Dörfern vorhanden. Diese an einer Leinwand erscheinenden Bilder könnten die Musik, Lieder und Tänze der jeweiligen Gruppen anschaulich ergänzen. Das gilt ebenso für die geschichtlichen und landschaftskundlichen Angaben, wie sie in den beiden Büchern »Zu Fuß über die Alpen« und »Wandern nach Prag« zusammengefaßt sind. Ein Beispiel für eine solche Veranstaltung war die Sendung »Rhein-Main-Donau-Kanal«, die anläßlich der Eröffnung dieser Schiffahrtsstraße im Fernsehen gezeigt wurde.

**Musizierende Jugendliche vor der Burg Strakonitz. Eine Veranstaltung mit den Volkstumsgruppen an der Wanderroute Prag – München – Venedig wäre ein völkerverbindendes Fest.**

Eine solche Volkstumsveranstaltung mit Musik und Tanz in den Landestrachten zu einem der länderübergreifenden Fernwanderwege würde die Vielfalt Europas lebensnah aufzeigen und auch völkerverbindend wirken. Ebenso könnte sie zum Weitwandern anregen und damit einen Beitrag zum Umweltschutz leisten. Wandern, Singen, Musizieren und Tanzen verbinden die Menschen. Das Volkstum der verschiedenen Kulturkreise zu erleben, deren Landschaften man durchwanderte, trägt verstärkt zum gegenseitigen Verstehen bei. In diesem Sinn sind die obigen Gedanken und Vorschläge zu verstehen. Vielleicht gelingt es eines Tages, die Fernwanderer mit den Volkstumsgruppen und Gastgebern der durchwanderten Regionen zu einem solchen Fest zusammenzuführen.

# Alljährlicher Wandertreff in München am 8.8. um 8 Uhr

Am Aufbruchsort für die Fernwanderungen, auf dem Münchner Marienplatz, treffen sich seit dem Jahre 1987 einige Dutzend Wanderbegeisterte. Sinn und Zweck dieser Zusammenkunft ist in erster Linie der Erfahrungs- und Erinnerungsaustausch über die zwei großen Münchner Fernwanderungen nach Venedig und Prag. Der Termin soll auch anregen, zu diesem Zeitpunkt im Sommer zu einer dieser Weitwanderungen aufzubrechen. Mit dem Treffen ist eine eintägige Wanderung im Isartal verbunden. Aufbruch von der Mariensäule auf dem Marienplatz ist jeweils um 8.15 Uhr. Unterwegs und am Ziel wird eingekehrt. Und zum Schluß gibt es eine Dia- oder Filmvorführung zu den Themen »Zu Fuß über die Alpen« oder »Wandern nach Prag«.

In Jahren mit gerader Endzahl wandert man isarabwärts nach Ismaning. Dies ist die Richtung nach Prag. Von 10 bis 11 Uhr kehrt die Gruppe beim Aumeister am nördlichen Ende des Englischen Gartens ein. Spätaufsteher können hier noch mit der U-Bahn-Linie 6 (Holzapfelkreuth–Harras–Marienplatz–Kieferngarten) über die Station Studentenstadt dazustoßen. Das Mittagessen wird zwischen 13 und 14.45 Uhr im Gasthof »Zur Mühle« in Ismaning (Ortsmitte) eingenommen. Dort beginnt um 15 Uhr die Dia- oder Filmvorführung zum Thema »Wandern nach Prag«. Daran schließt sich um 16.30 Uhr eine Führung durch das historische Ismaning an. Die Veranstaltung endet gegen 17.30 Uhr. Ismaning ist S-Bahn-Station an der Flughafenlinie (S 8).

In den Jahren mit ungerader Endzahl wandert man isaraufwärts zum Kloster Schäftlarn, also in Richtung Venedig. Eingekehrt wird zwischen 11.30 und 13 Uhr beim »Rabenwirt« in Pullach. Der Gasthof, unweit der Kirche und am Isarabhang gelegen, ist von der S-Bahn-Station Pullach mit der Linie 7 in fünf Minuten erreichbar. Am Wanderziel kehrt die Gruppe zwischen 16 und 17 Uhr im Klosterbräustüberl ein. Danach folgt ein Besuch in der barocken Klosterkirche und ab 17.30 Uhr in der Klosterschule die Dia- oder Filmvorführung zum Thema »Zu Fuß über die Alpen«. Die Veranstaltung endet gegen 18.30 Uhr.

Sowohl in Ismaning als auch im Klosterbräustüberl Schäftlarn oder im nahen Ebenhausen (hier S-Bahn-Anschluß) bestehen Übernachtungsmöglichkeiten. Ebenhausen liegt auf dem Isarhochufer zirka 15 Minuten vom Kloster Schäftlarn entfernt.

Ein Traumpfad-Trikot erhält alle Jahre am 8.8. der/die Wanderfreund/in, der/die zu diesem Zeitpunkt nach Prag oder Venedig aufbricht und der/die dazu am weitesten angereist ist. Im Zweifelsfall entscheidet das Alter. Auch für besondere Verdienste um diese zwei Fernwanderrouten kann das Trikot verliehen werden.

Anhand der geraden oder ungeraden Jahreszahl, entsprechend der geraden bzw. ungeraden Buchstabenanzahl von Prag und Venedig, kann man sich leicht merken, wann nach Ismaning und wann zum Kloster Schäftlarn gewandert wird. Je nach der Wanderrichtung steht dann überwiegend das Thema »Wandern nach Prag« oder »Zu Fuß über die Alpen« auf dem Programm. Der Zeitpunkt des Treffs – am 8. 8. um 8 Uhr – ist ebenfalls sehr einprägsam.

Die in den drei Achtern enthaltenen sechs Kreise symbolisieren außerdem Eigenschaften und Begriffe, die mit dem Erlebnis einer gelungenen Fernwanderung zusammenhängen. Diese sind:

1. Schönheit: Das geometrisch ideale Gebilde eines Kreises ist schön, und schön sind viele kreisförmige Erscheinungsformen in der Natur, die uns tagtäglich beim Wandern begegnen.
2. Harmonie: In der Form eines Kreises herrscht Harmonie. Auch in der Natur ist harmonische Ausgewogenheit vorhanden. Mehrere Menschen, die einige Wochen zusammen wandern, kommen ohne ein Mindestmaß an Harmonie nicht zurecht.
3. Gleichheit: Alle Punkte im Kreis sind gleich weit vom Mittelpunkt entfernt. Dieses Verhältnis läßt sich auch auf die wandernden Menschen übertragen.
4. Freiheit: Die kreisrunde Sonne und das Wandern gelten als Symbole der Freiheit.
5. Gemeinschaft: So, wie der Kreis eine Gemeinschaft von gleichwertigen Punkten darstellt, bilden miteinander Wandernde oder auf Fernwanderungen sich begegnende Menschen eine Gemeinschaft.
6. Unendlichkeit: Die Linie eines Kreises ist unendlich. Eine Fernwanderung scheint zum Wanderbeginn unendlich zu sein. Nach der endlichen Erdenwanderung folgt für den Gläubigen die unendliche Ewigkeit.

An der Mariensäule in München treffen sich alljährlich am 8. 8. um 8 Uhr Freunde und Interessenten der Weitwanderrouten nach Venedig und Prag. Die Teilnahme ist frei, eine Anmeldung nicht erforderlich.

# Literatur


(Die Reihenfolge der Titel orientiert sich an den Themen im Bild- und Textband und am geographischen Ablauf der Wanderung.)

Seume, Johann Gottfried: *Sämtliche Werke.* Leipzig 1839

Francé, R.H.: *Die Welt der Pflanzen.* München 1962

Spranger, Klaus: *Schläft der Hase mit offenen Augen?* München 1971

Dehio, Georg, Ernst Gall: *Handbuch der Deutschen Kunstdenkmäler, Oberbayern.* München/Berlin 1960

Kronawitter, Georg: *München.* München 1978

Hollweck, Ludwig: *Begegnung mit München.* Regensburg 1985

Köhle, Sieglinde: *Kleine Münchner Stadtgeschichte.* München 1979

Biller, Josef H. /Rasp, Hans-Peter : *München, Kunst- und Kulturlexikon.* München 1972

Baedekers Allianz-Taschenbuch: *Reiseführer München.* Stuttgart/Freiburg 1984-1986

Bosl, Karl: *Bayerische Geschichte.* München 1971

Hubensteiner, Benno: *Bayerische Geschichte.* München 1967

Bayern, Adalbert Prinz v.: *Die Wittelsbacher.* München 1979

Rall, Hans und Marga: *Die Wittelsbacher in Lebensbildern.* Graz/Regensburg 1986

Dombart, Theodor: *Der Englische Garten zu München.* München 1972

Plessen, M.L.: *Die Isar, ein Lebenslauf.* München 1983

Brugger, Walter , Werkmeister, Max: *Freising.* Freilassing 1988

Sonderausgabe der Monatsschrift Bayerland: *Freising*

Baedeker, Karl: *Reisehandbuch Nordbayern, Ostbayern.* München 1962

Bleibrunner, Hans, Stahlleder, E.: *Landshut, historischer Kurzführer zu den Sehenswürdigkeiten der Stadt.* Landshut 1989

Spitzlberger, G., Ott, T.: *Landshut.* Freilassing 1981

Thoma, Hans: *Landshuter Atlas der Leinbergerwerke.* Landshut 1988

Verein »Die Förderer«: *Landauer Heimatbuch.* Passau 1958

Zacher, Franz X.: *Geschichte der Stadt Plattling.* München 1945

Wild, Karl: *Zwölfhundert Jahre Vilshofen, 776–1976.* Vilshofen 1976

Marktgemeinde Wegscheid/Niederbayern, 1360-1960, Markt u. Gericht *Wegscheid,* 1960

Voigtländer, Wolfgang: *Der Wachsende Stein von Usterling,* in: Blätter für Naturschutz 1968 Heft 2/3; Bund Naturschutz in Bayern

Oswald, Josef, Gottfried Schäffer: *Passau. Geschichte – Kunst – Gegenwart.* Passau 1977

Klessinger, Josef, *Passau für Besucher.* Passau 1985

Klessinger, Josef, *Passau Stadtführer.* Passau 1991/92

Der große ADAC-Reise- und Freizeitführer: *Flüsse und Seen in Deutschland.* München/Stuttgart 1988

Naumann, Hans: *Rad-Wanderführer Donau:* Stuttgart 1989

Schomann, Heinz: *Kunsthistorischer Wanderführer, Bayern nördlich der Donau.* Stuttgart/Zürich 1971

Sieghart, August: *Bayerischer Wald.* Heroldsberg bei Nürnberg 1982

Merianheft *Niederbayern* 11 XXXIX/C, 4701 E

Merianhefte *Bayerischer Wald,* Heft 6, 16. Jahrgang, und Heft 8 XXVII

Nationalpark Bayerischer Wald: *Festschrift zur Eröffnung.* Bayerisches Staatsministerium für Ernährung, Landwirtschaft und Forsten, 1970

Auf der Sonnenseite des Bayerischen Waldes. *Ein Heimatbuch des Landkreises Deggendorf.* Passau 1983

Landkreis Grafenau: *Das Bild eines altbayerischen Kreises Grafenau Rachel – Lusen – Sonnenwand.* Grafenau 1972

Landkreis Regen: *Der Landkreis Regen. Heimat im Bayerischen Wald.* Grafenau 1982

Waldvereinssektion Dreisessel: *100 Jahre Waldvereinssektion Dreisessel.* Grafenau 1988

Zeitler, Walter: *Unser schöner Bayerwald.* Passau 1991

Steckbauer, Erwin: *Wald, Waldler, Brauchtum.* Grafenau 1982

Waldschmidt, Rolf: *Auf den Spuren des Waldschmidt.* Grafenau 1982

Praxl, Paul, *Waldlersagen aus dem Land zwischen Lusen und Dreisessel.* Grafenau 1972

Watzlik, Hans: *Böhmerwaldsagen.* München 1978

Sonnleitner, Alois: *Der Böhmerwald.* Linz 1987

Thorward, Friedl, Josef Erhart: *Böhmerwald.* Regensburg 1991

Pscheidl, Josef: *Tief drin im Böhmerwald.* Grafenau 1990

Praxl, Paul: *Der Goldene Steig.* Grafenau 1983

Heimatkreis Prachatitz: *Heimatkreis Prachatitz im Böhmerwald.* Haunstetten über Augsburg 1970 (Bd. I) und 1977 (Bd. II)

Tahedl, Rosa: *Sternreischtn. Ein Lichtbogen über einem Böhmerwalddorf.* Grafenau 1987

Tahedl, Rosa: *Abenteuer unter dem Roten Stern.* Grafenau 1990

Brunner, G., Binder, E. M.: *Reiseführer Böhmerwald.* Passau 1990

Fruth, Gunther: *Wandern im Böhmerwald.* Grafenau 1990

Autorenkollektiv: *Böhmerwald Süd, Gebietsführer.* Pilsen 1992

Starý, Václav: *Stará Šumava. Der Alte Böhmerwald.* Vimperk 1991

Schacherl, Lilian: *Böhmen.* München 1966

Becher, Peter, Hubert Ettl: *Böhmen, Reise-Lesebuch.* Viechtach 1991

Becher, Walter: *Zeitzeuge.* München 1990

Filip, Ota: *Die stillen Toten unterm Klee. Wiedersehen mit Böhmen.* München 1991

Siegerist, Joachim: *Schreie aus der Hölle.* Hamburg 1989

Weber, Emil: *Die neue Tussetkapelle in Philippsreuth.* Uhingen 1988
Kuthan, Jiři: *Višši Brod, Hohenfurth.* Budweis 1989
Bažant, Eduard: *Schloß Rosenberg.* Berlin 1987
Pletzer, Karel: *České Budějovice.* Budweis 1991
Kuthan, Jiři: *Das Schloß Hluboká.* Budweis 1991
Nečas, Jaroslav, Václav Starý: *Magister Johannes Hus und Husinec.* Prag 1969
Kuthan, Jiři: *Zvíkov.* Budweis 1987
Molík, Jan, Jiři Ploghar: *Staatsburg Orlik.* Budweis 1986
Bartoš, Václav: *Burgen und Schlösser Südböhmens.* Budweis 1986

Gorys, Eberhard: *Tschechoslowakei.* Köln 1990
Mohyla, Otakar: *Tschechoslowakei. Goldstadt Reiseführer.* Pforzheim 1985
Haymann, Simon: *Tschechoslowakei auf eigene Faust. Reisehandbuch.* Kiel 1988
Bodt, Jürgen: *Radwandern in der Tschechoslowakei. Teil I: Böhmen und Mähren.* Köln 1991
Lugschitz, Herbert, Winfried Steininger: *Am Strom entlang. Fahrradführer Moldau.* Kiel 1991
Hogl, Kurt: *Viele Wege führen nach Prag.* Landshut 1992
Schremmer, Ernst: *Reiseleiter Böhmische Länder.* Würzburg 1989
Hootz, Reinhardt: *Bildhandbuch der Kunstdenkmäler Böhmens und Mährens.* München/Berlin 1986
Kohout, Pavel, Eda Kriseová: *Merian-Reiseführer Prag.* München 1991
Sektion für Handel und Fremdenverkehr des Nationalausschusses der Hauptstadt Prag (Hg.): *Ein Monat in Prag.* Prag 1981
Rybár, Ctibor: *Die Karlsbrücke.* Prag 1991
Buria, Jiři, Jiři Svoboda: *Die Prager Burg. Reiseführer Olympia.* Prag 1988
Demetz, Peter: *Alt-Prager Geschichten.* Frankfurt a. Main 1982
Merianheft *Prag* 3 XLII/C, 4701 E. Hamburg 1989
Feyfar, Petr, Karla Ladwigová: *Prag.* München/Berlin 1991
Rybár, Ctibor: *Prag und die schönsten Landschaften der Tschechoslowakei.* München 1981

Vita Caroli Quarti: *Die Autobiographie Karls IV.* Stuttgart 1979
Seibt, Ferdinand: *Karl IV.* München 1985
Hoensch, Jörg K.: *Geschichte Böhmens. Von der slawischen Landnahme bis ins 20. Jahrhundert.* München 1987

Zeichenerklärung
= Obere Weg
= Untere Weg
= Radroute
= Wanderweg u. Radroute
= "Hanna"-Variante
Marktredwitz
Mariánské Lázne
Weiden i.d.O.
Oberpfälzer Wald
Ceský les
NÜRNBERG
Altdorf b. Nürnbg.
Amberg
Schwandorf
Roth
Neumarkt i.d.Opf.
Burglengenfeld
Cham
Furt i.W.
Roding
Regensburg
Bayerischer
Pfahl
Böh
Eichstätt
Kehlheim
Regen
Donau
Straubing
Kirchberg
Obere Weg
Ingolstadt
Deggendorf
Neuburg a.d.D.
Plattling
BAYERN
Radro
Mainburg
Osterhofen
Fürste
Schrobenhausen
Landau a.d. Isar
Isar
Dingolfing
Eichendorf
Vilshofen
Pfaffenhofen a.d.I.
Landshut
Vils
Moosburg
Freising
Eggenfelden
Pfarrkirchen
Erding
Dachau
Mühldorf a. Inn
Radroute
Fürstenfeld-bruck
MÜNCHEN
Braunau a. Inn
Waldkraiburg
Altötting
Ebersberg
Burghausen